Anne Holper
Matthias Käther

DDR- Berlins Osten
neu entdeckt

Baudenkmale
in Berlin

ISBN 3-935029-09-8

Fotos: Freizeit- und Erholungszentrum Wuhlheide (FEZ): 106, 107
Tanja Onken: 1, 6, 8, 9, 10, 11, 12,
13, 15, 17, 18, 19, 20, 21, 23, 24, 25,
28, 29, 30, 31, 32, 33, 34, 35, 37, 38,
39, 41, 42, 43, 46, 48, 50, 51, 52, 53,
54, 55, 56, 57, 62, 63, 64, 65, 66, 67,
69, 76, 77, 78, 80, 81, 82, 84, 85, 104,
105, 109, 114, 115, 116, 117, 118,
119
Landesarchiv Berlin: 75, 110, 111,
112, 113
Klaus Scheddel: 14, 16, 22, 26, 36,
40, 44, 45, 49, 56, 58, 59, 60, 61, 68,
72, 74, 79, 83, 86, 87, 88, 89, 90, 91,
92, 93, 94, 95, 96, 98, 99, 101, 102,
103, 108, 109, 120, 121, 123
Christian von Steffelin /
photocake.de: 18, 66
Tierpark Berlin-Friedrichsfelde: 100,
101
Umschlag vorn: Tanja Onken
Umschlag hinten: Tanja Onken,
Klaus Scheddel

Karten: Boris Buchholz AGD
Layout und Gestaltung:
Boris Buchholz AGD, Berlin
Druck: druckhaus köthen

Die Autoren danken allen, die bei
den Recherchen zu diesem Buch
behilflich waren, insbesondere
den Architektur-Experten Dr.
Dorothea Tscheschner und Ben-
jamin Köhrich, Artur Schneider
vom Karl-Marx-Allee e.V., Dietrich Fischer von der Neue Länder
Grundstücksverwertung und Verwaltung GmbH, Klaus Bädicker
von der WBM sowie den Mitarbeitern der Deutschen Stiftung
für Denkmalschutz.

Der Stern und Kreis Schiffahrt
GmbH (Seite 128) und der Zeit-
Reisen Erlebnisagentur (Seite 128)
einen herzlichen Dank für die
freundliche Unterstützung.

Liebe Leserinnen und Leser,

wir freuen uns, Ihre Meinung zu
diesem Stadtführer zu erfahren.
Bitte schreiben Sie uns, wenn Sie
Berichtigungen und Ergänzungs-
vorschläge haben oder Ihnen
etwas besonders gut gefällt.

via reise verlag
Boxhagener Straße 117
10245 Berlin
E-mail: post@viareise.de
www.viareise.de

> Du hast geglaubt: du wirst sie überleben.
> Sie werden aber noch nach dir da sein.
> Diese Häuser werden länger leben als du.
> Kurt Tucholsky

Wie kommen wir dazu, einen Stadtführer über DDR-Gebäude und -Denkmale im heutigen Berlin zu schreiben? Bisher hat es ein solches Buch noch nicht gegeben.

Als wir durch Berlins Osten fuhren, um die Bauten der sozialistischen Ära neu zu entdecken, wurde uns schnell klar, was das Spannende an diesem Thema ist: Diese Häuser und Denkmäler lassen sich nicht nur mit dem ästhetischen und architektonischen Auge ansehen, sie provozieren immer auch Fragen zur jüngsten deutschen Geschichte. Wir haben schöne und hässliche, bewohnte und verlassene, pompöse und schlichte Gebäude gefunden. Manche von ihnen ziehen Touristenströme an, andere sind gänzlich vergessen. Manche werden für ihre Vergangenheit gehasst, andere inzwischen (n)ostalgisch verklärt.

Wir wollten uns ein eigenes, neues Bild machen.

Wir haben die sehenswertesten Baudenkmale der DDR-Epoche in Berlin ausgesucht und neu beschrieben. Dazu haben wir Augenzeugen und Experten befragt und Fakten genutzt, die bisher nur verstreut in Zeitungsartikeln und Spezialabhandlungen veröffentlicht wurden. Gleichzeitig wollten wir aber keinen dicken Wälzer mit Anspruch auf Vollständigkeit schreiben und bitten um Nachsicht, wenn nicht jeder sein Lieblingshaus auf diesen Seiten wiederfindet. Für den Berlinbesucher soll unser Stadtführer informativ, für den Architekturfreund nicht zu oberflächlich sein. Wir haben daher versucht, die wichtigsten architektonischen Begriffe so einfach wie möglich zu vermitteln.

Damit wünschen wir allen Berlin-Freunden eine erlebnisreiche Reise durch den Osten der Stadt.

Anne Holper und
Matthias Käther

Anne Holper
geb. 1978 in München, lebt in Berlin-Schöneberg.
Sie studiert Literaturwissenschaften und beschäftigt sich mit dem Thema Raum und Architektur in der Literatur.

Matthias Käther
geb. 1972 in Neubrandenburg, lebt in Berlin-Friedrichshain.
Er hat Germanistik, Philosophie und Geschichte studiert. Heute arbeitet er als Journalist beim Rundfunk Berlin-Brandenburg (RBB).

NORDEN

ROSA-LUXEMBURG-
PLATZ

U

Alexanderplatz
(auch U+S-Bahnhof)
mit Weltzeituhr, Brunnen,
Hotel und Centrum Warenhaus

Berliner Verlag

KWV-Gebäude

Haus der Elektroindustrie

Haus des Reisens

HACKESCHER
MARKT

S

ALEXANDERPLATZ

U **S**

KARL-LIEBKNECHT-STRASSE

GRUNERSTRASSE

Fernseh-
turm

Haus des Lehrers
& Kongresshalle

Marx-Engels-
Forum

SPANDAUER STRASSE

Rathaus-Passagen

U KLOSTER-
STRASSE

S-BAHN

Nikolai-Viertel

SPREE

Ⓢ Ⓤ Alexander-
platz

1966–1971

Städtebau
Joachim Näther,
Peter Schweizer

Alexanderplatz

Obwohl sich der Alexanderplatz zu DDR-Zeiten geographisch nicht im Zentrum Ost-Berlins befand, bedeutete er den Ost-Berlinern die Mitte ihrer Stadt. Erst in den 60er und 70er Jahren war der Platz zu dem weitläufigen Areal umgestaltet geworden, das bis heute nahezu unverändert geblieben ist. Begrenzt wird der Platz vom S-Bahnhof Alexanderplatz mit der Dirckensenstraße im Süden, der überbreiten Grunerstraße im Osten und der Karl-Liebknecht-Straße am nordwestlichen Rand. Der neue Alex sollte mit modernen, funktionalen Gebäuden für Kultur, Konsum und Gastronomie zum zentralen Treffpunkt der Hauptstadt der DDR werden.

Im II. Weltkrieg waren der Alexanderplatz und seine geschichtsträchtigen Gebäude schwer zerstört worden. Nach dem Krieg wurden nur das Berolina- und Alexanderhaus von Peter Behrens aus den Jahren 1928 und 1931 rekonstruiert – mit dem Beginn einer neuen Gesellschaft sollte auch das Zentrum ihrer Hauptstadt ein neues Gesicht bekommen. Mit den Planungen für den umfassenden Neuaufbau wurden die Architekten Joachim Näther und Peter Schweizer beauftragt. „Monotone Betonkästen" sollten dabei nach Beschwerden aus der Bevölkerung ausdrücklich vermieden werden, wie im Protokoll einer Sitzung des Politbüros 1960 festgehalten wurde.

Der Platz, der um das Vierfache auf 80 000 qm vergrößert wurde, sollte den Höhepunkt der Achse von der Stalinallee bis hin zum Brandenburger Tor bilden. Das gesamte Verkehrssystem wurde neu strukturiert, wobei die Hauptverkehrsstraßen auf bis zu 60 m verbreitert wurden. Unter dem Alexanderplatz wurden ein Autotunnel und ein weitverzweigtes System von noch heute unveränderten Fußgängerunterführungen gelegt. An Rolltreppen scheint

dabei jedoch noch niemand gedacht zu haben. Die Straßenbahn wurde vom Platz verbannt, sie galt in den 70er Jahren nicht als modernes Verkehrsmittel.

Am 4. November 1989 machte der Alexanderplatz Weltgeschichte: Über eine halbe Million DDR-Bürger demonstrierten hier friedlich für Presse-, Meinungs- und Versammlungsfreiheit.

Seit der Wiedervereinigung wird nun um die Gebäude der DDR-Nachkriegsmoderne rund um den Alex gestritten. Viele Bauten stehen auf der Abrissliste, u.a. das Hotel Park Inn (Hotel Stadt Berlin, ▶ S. 12) und die Galeria Kaufhof (Centrum-Warenhaus, ▶ S. 10), obwohl sie bereits modernisiert wurden. Die Architekten Kollhoff und Timmermann wollen dafür 13 neue Wolkenkratzer an den Alexanderplatz bauen. Viele der in den 60er Jahren teilweise bewusst gesetzten Freiflächen sollen geschlossen werden, und wie früher soll der Platz wieder enger von Gebäuden eingerahmt werden. Immerhin dürfen das Haus des Lehrers und die Kongresshalle (▶ S. 18), die Weltzeituhr und der Brunnen der Völkerfreundschaft (▶ S. 14), ja sogar der Fernsehturm, das Symbol der DDR-Hauptstadt, (▶ S. 20) stehen bleiben.

Dass sich insgesamt seit 1989 noch nicht viel am Alex verändert hat, liegt weniger an ästhetischen als vielmehr an wirtschaftlichen Zweifeln: viele Büros und Läden in Berlin stehen leer, und Investoren sind schwer für neue Hochhausriesen zu begeistern.

Zwischenzeitlich haben viele jüngere Berliner die DDR-Gebäude am Alex für sich entdeckt. So wurde das Haus des Lehrers vor seinem Verkauf zur Arbeitsstätte kreativer Medien- und Kunstbüros.

Trotz seiner Weitläufigkeit konnte der Platz bis heute seine Anziehungskraft bewahren. Anders als der Potsdamer Platz ist der Alexanderplatz weiterhin ein belebter Tummelplatz für Menschen aller sozialen Schichten. Und echte Ost-Berliner lieben ihren Alex sowieso.

Kunst statt Werbung
Wer mit der U2 am Alexanderplatz ankommt, steht beim Aussteigen mitten in der größten öffentlichen Galerie im Berliner Untergrund. Unter dem Motto „Kunst statt Werbung" zeigen Berliner Künstler auf Plakatwänden witzige, kritische oder provozierende Werke.

Alexanderplatz 9
Ⓢ Ⓤ Alexander-
platz

1967–1970

Architekten
Josef Kaiser,
Roland Korn,
Günter Kunert

GALERIA KAUFHOF

Centrum-Warenhaus

Wer auf den Bahnsteigen am Alexanderplatz auf die
S-Bahn wartet, muss sich nicht langweilen. Denn
von hier aus kann man die vorgehängte Fassade
des ehemaligen Centrum-Warenhauses, das genau
vor dem Bahnhof liegt, bestens studieren. Der aus
gebogenen Aluminiumteilen gefertigte Fassaden-
schmuck zeichnete das Gebäude in der DDR als gelungenes Beispiel moderner Kaufhausarchitektur aus.
Bei seiner Eröffnung 1970 empfing das 35 m hohe
Warenhaus seine Kunden auf vier Verkaufsetagen
mit insgesamt 15 000 qm Verkaufsfläche und einem
Restaurant im fünften Stock. Damit war es damals
das größte Kaufhaus der DDR und reichte sehr nah
an internationale Konsumstandards heran.

Das Centrum-Warenhaus wurde zusammen mit
dem Hotel Stadt Berlin (Hotel Park Inn, ▸ S. 12) gebaut und mit ihm über eine eigene Passage verbunden. Die Tiefbauarbeiten für das Warenhaus stellten
sich als eine komplizierte Angelegenheit heraus,
denn das doppelt unterkellerte Grundstück reichte bis
zu 90 cm an die U-Bahn-Schächte heran. So musste
auf engstem Raum und äußerst bedacht gearbeitet
werden. Außerdem wurde unter der Karl-Liebknecht-
Straße hindurch ein Tunnel gebaut, der für Lasten-
fahrzeuge einschließlich großer Sattelschlepper und
Kühlzüge befahrbar sein sollte. Schließlich wollte
das Warenhaus rund um die Uhr beliefert werden
können, ohne den Fußgängerbereich am S-Bahnhof
Alexanderplatz mit wartenden Lastwagen zu stören.

Über mehrere freischwebende Treppen kann man von außen auf eine Terrasse steigen, die auf Höhe der ersten Etage um das ganze Haus läuft. Die Höhe der beiden verglasten Untergeschosse orientierte sich an den Schaufensterhöhen der gegenüberliegenden Gebäude von Peter Behrens von 1928 und 1931, am Sockel des S-Bahnhofes und am Vorbau des Hotels nebenan. Den Architekten Josef Kaiser, Roland Korn und Günter Kunert lag offensichtlich einiges daran, die Neubauten aufeinander und auf die noch bestehenden Behrens-Gebäude abzustimmen.

Erstmals in der DDR war die Einteilung der Verkaufsräume in der Konstruktion des Kaufhauses nicht fest vorgegeben. So konnten die Etagen immer wieder neu gestaltet werden. Die Lebensmittelhalle und das Restaurant waren mit farbigen Keramik-Wandbildern und Fototapeten ausgehängt.

Im Centrum-Warenhaus gab es ein erheblich breiteres Warenangebot als in den anderen Kaufhäusern Ost-Berlins und der DDR. Vor allem deswegen wurde das Kaufhaus ein republikweiter Anziehungspunkt. Schließlich wurde der Kunde hier auch mit allerhand anderen Leistungen umworben: Kundendienste, Etagenservices, ein Kinderspielzimmer, eine Gepäckaufbewahrung, eine Garderobe, eine Sammelkasse, eine Zweigstelle der Sparkasse, eine Erfrischungs- und eine Moccabar standen bereit. In punkto Werbung wahrte man aber deutlich Distanz zum westlichen Konsumrausch: Reklametafeln wurden nur sehr vorsichtig eingesetzt.

Seit 1991 betreibt die Kaufhof AG das Warenhaus, 1997/98 wurde es zur Galeria Kaufhof umgebaut. Außer der vorgehängten Fassade ließ die neue Gestaltung von dem DDR-Kaufhaus leider nicht viel übrig. Der Konzern prüft derzeit, ob er das Haus erweitern oder durch einen Neubau ersetzen will.

Galeria Kaufhof
Mo–Fr 9–20 Uhr
Sa 9–20 Uhr
✆ (0 30) 2 47 43-0

S U Alexander-platz

1967–1970

Architekten
Roland Korn,
Heinz Scharlipp,
Hans-Erich
Bogatzky

HOTEL PARK INN

Hotel Stadt Berlin

Nach dem Fernsehturm ist das Hotel Stadt Berlin mit 123 m und 39 Geschossen das zweithöchste Gebäude am Alexanderplatz. In seinem 70er-Jahre-Schick futuristisch und altmodisch zugleich, ragt es kühn in den Himmel über Ost-Berlin. Als es 1970 gebaut wurde, war das Hotel Stadt Berlin, das zu der staatlichen „Interhotel"-Kette gehörte, der größte und modernste Hotelkomplex der DDR.

Die Architekten Roland Korn, Heinz Scharlipp und Hans-Erich Bogatzky hatten sich zuvor in internationalen Hotels angeschaut, wie moderne Hoteltechnologie, Selbstbedienungssysteme, Funktionsbereiche und variabel nutzbare Räume am besten miteinander vereint werden könnten. Das Ergebnis war die Zweiteilung des Hotels in ein Hochhaus für die Bettengeschosse und einen Flachbau für den Empfang, die Gastronomie und die technischen Nebenräume. Die beiden Gebäudeteile sind jedoch nicht einfach ineinander gesteckt, sondern durchdringen sich in den ersten Geschossen durch weit geöffnete Hallen und transparente Wände. Für das Bauverfahren wählten die Architekten eine hochmechanisierte Technologie – erst auf der Baustelle wurden damit Wände und Decken zu ganzen Gebäudeteilen zusammengebaut.

Bei der Innenausstattung ging man recht sparsam mit dunklen Edelholzfurnieren um, hier und da fanden sich helle und dunkle Marmorverkleidungen oder Aluminium- und Stahlverblendungen. Die Hotelhalle wurde jedoch recht aufwändig ausgestattet. Dazu gehörten auch ein großformatiges Kupferemaillebild mit stilisierten Darstellungen Berliner Se-

henswürdigkeiten von Adam Kurz und ein Stahlrelief von Achim Kühn.

Als neues Schaufenster des Sozialismus wollte die Hauptstadt der DDR sich seinen Gästen auf internationalem Niveau präsentieren. Zu diesem weltoffenen Image gehörte auch, dass Teile des Hauses Nicht-Hotelgästen offen standen, wie das Hotelrestaurant im ersten Geschoss, das Panoramarestaurant in 116 m Höhe und die zahlreichen Dienstleistungseinrichtungen. Besonders beliebt waren der Alex-Grill, die Milchbar, das Espresso und die im Altberliner Stil eingerichtete Zille-Stube.

Zwischen dem vierten und dem 37. Geschoss gab es insgesamt 1986 Betten in Appartements, Einbett- und Zweibettzimmern. Ohne die Straße betreten zu müssen, konnten die Gäste über einen Verbindungsbau auch das Centrum-Warenhaus (Galeria Kaufhof, ▸ S. 10) erreichen. Ungewohnten Service bot auch ein Buchungssystem, mit dem man 400 Tage im voraus Zimmer bestellen konnte. Auch ein Blumengeschäft, ein Friseursalon der Produktionsgenossenschaft Elegante Haarmode (▸ S. 68), ein Postservice, ein Telex-Büro, das Reisebüro Berlin-Tourist, ein Intershop und eine Hochgarage gehörten zum Angebot. Außerdem verband ein eigenes Kooperationsnetz das Haus mit 24 Dienstleistungsbetrieben in Ost-Berlin, so dass die Gäste von hier aus Opernkarten, Tierarztbesuche oder Autoreparaturen ordern konnten.

Nach der Wende wechselte das Hotel mehrmals Namen und Betreiber – und auch zum großen Teil seine Innenausstattung. Im jetzigen Hotel Park Inn ist aus DDR-Zeiten nur noch die Zille-Stube und das beliebte Casino im 37. Stock erhalten.

Hotel Stadt Berlin 1970:
1986 Betten
1912 Gaststättenplätze
284 330 qm Nutzfläche
123 m hoch
39 Geschosse

Hotel Park Inn
EZ ab 105 €
DZ ab 125 €
☎ (0 30) 2 38 90
www.parkinns.com

Ⓢ Ⓤ Alexander-
platz

Brunnen
1970
Architekt
Walter Womacka

Weltzeituhr
1969
Architekt
Erich John

**Brunnen der Völker-
freundschaft**
Höhe 6,20 m
Durchmesser 23 m

Weltzeituhr
Höhe 2,70 m
Umfang ca. 4,60 m
Gewicht 16 t

Brunnen der Völkerfreundschaft und Weltzeituhr

Der Brunnen der Völkerfreundschaft und die Weltzeituhr am Alexanderplatz versetzen den Besucher
schlagartig in die 70er Jahre: Völkerverständigung
und Sciencefiction, Wasserspiele und Technikspek-
takel. Die beiden Treffpunkte am Platz spiegeln
die Stimmung der Zeit, als der Alex sein heutiges
Gesicht bekam. Beide sind aber auch typische Ex-
emplare der DDR-Raumkunst: Schmiedearbeiten,
Wasserspiele und Mosaike in diesem Stil findet man
auf vielen öffentlichen Plätzen und an zahlreichen
Gebäuden der DDR.

Der **Brunnen der Völkerfreundschaft** wurde
1970 unter der Leitung von Walter Womacka vor
dem Berolina-Haus installiert. Womacka hatte 1964
bereits den Fries für das Haus des Lehrers (▸ S. 18)
angefertigt. Sein Brunnen besteht vor allem aus Kup-
fer und ist mit Glas, Keramik und Emaille verziert.
Über einen treppenartigen Aufbau aus 17 Schalen
fließt, plätschert und sprudelt das Wasser herunter.
Mit der Anordnung der Schalen wiederholt der Brunnen die spiralförmige Pflasterung des Alexanderplatzes. Spötter gaben ihm den Namen „Nuttenbrosche".
Der Brunnen steht unter Denkmalschutz.

Nicht weit davon entfernt befindet sich die **Weltzeituhr** von Erich John. Sie war zu DDR-Zeiten
einer der bekanntesten Treffpunkte Ost-Berlins und
ist es noch heute. Ost-Westverwandtschaften, Liebes-
paare und Schulklassen verabredeten sich an der zy-
linderförmigen Uhr, da man sich hier nicht verfehlen
konnte. Auf der umlaufenden Skala zeigen goldene
Ziffern auf rotem Grund die aktuellen Zeiten 148
ausgewählter Weltstädte von Peking bis Havanna an.
Darüber schweben auf Stahlreifen kleine Kugeln, die
die Planeten unseres Sonnensystems darstellen.

Haus des Berliner Verlags

Karl-Liebknecht-
Straße 29
Ⓢ Ⓤ Alexander-
platz

1970–1973

**Architekten
Karl-Ernst Swora
Rainer Hanslik**

Längs zur Karl-Liebknecht-Straße, an der nordwestlichen Ecke des Alexanderplatzes, steht das Haus des
Berliner Verlags. Wie das Haus des Reisens (▸ S. 17)
an der östlichen Ecke gegenüber, hat es 17 Geschosse
und beherbergt hauptsächlich Büros. Auf dem Dach
dreht sich weithin sichtbar der Name des früheren
wie heutigen Nutzers in Leuchtbuchstaben.

Unter der Regie des Berliner Verlags wurden in
der DDR Illustrierte und Zeitungen wie die „Berliner
Zeitung" und die „BZ am Abend" herausgegeben. In
etwas abgespeckter Form hat der Verlag die Wende
überlebt und wird nun vom Hamburger Verlag Gru-
ner und Jahr geführt. Immer noch haben im Haus die
„Berliner Zeitung" und der „Berliner Kurier" (früher
„BZ am Abend") ihren Sitz. Auch das Internetmaga-
zin BerlinOnline wird hier gemacht.

Bei der Übernahme des Verlags wurde das Haus
grundsaniert und die Fassade neu gestaltet. Nur der
markante Treppenturm an der südlichen Außenwand
mit dem Werbekarussell ist erhalten geblieben. Im
Erdgeschoss waren zu DDR-Zeiten auch Reisebüros
und die sowjetische Presseagentur Nowosti untergebracht. Heute betreibt hier der Bertelsmann Club
einen Laden. Nebenan kann man im Kundenbüro die
Zeitungen des Berliner Verlags lesen und ausgewähl-
te Bücher und Theaterkarten kaufen.

An der Platzecke steht neben dem Verlagshaus ein
zweigeschossiger Flachbau. Das Gebäude schwebt
wie auf unsichtbaren Stelzen ein paar Meter über der
Erde und eignet sich bestens als komfortabler Aus-
sichtspunkt. In ihm befand sich früher das bekannte
Pressecafé. Jetzt hat das Steakhaus Escados den
Raum mit viel Holz und Pflanzen zu einer üppigen
Oase für Erschöpfte umgebaut: schließlich kann die
Wüste am Alex ganz schön an den Kräften zehren.

**Kundencenter Berliner
Verlag**
Mo–Fr 9.30–18 Uhr
Do 9.30–19 Uhr
℡ (0 30) 23 27-9
www.berlinonline.de/
berliner-verlag

Escados Grill
Im ehemaligen
Pressecafé
Tgl. 11.30–1 Uhr
Fr–So 12–0.30 Uhr

Las Olas
Spanisches Restaurant
Tgl. 17–3 Uhr
℡ (0 30) 2 41 54 72
www.las-olas.de

Alexanderplatz 6
Ⓢ Ⓤ Alexander-
platz

1967–1969

Architekten
Heinz Mehlan,
Emil Leibold,
Peter Skujin

**Fassaden-
gestaltung**
Sergei Tchoban

**Bundesministerium für
Umwelt, Naturschutz
und Reaktorsicherheit**
☏ (0 18 88) 3 05-0
www.bmu.de
service@bmu.de

**Ristorante und Eiscafé
Venezia**
Tgl. 10–24 Uhr

Haus der Elektroindustrie

Damit sich aus den Buchstaben an der Fassade ein sinnvoller Text ergibt, muss man schon ein paar Schritte zurücktreten. Die Zitate aus Alfred Döblins Roman „Berlin Alexanderplatz" von 1929 beschreiben einen Platz, wie man ihn auch heute noch erleben kann. Die Siebdruck-Buchstaben am Haus der Elektroindustrie stammen nicht mehr aus DDR-Zeiten, sondern wurden erst 2001 von dem russischen Architekten Sergei Tschoban angebracht. Auch sonst hat sich an dem Gebäude an der nordöstlichen Stirnseite des Platzes nach der Wende einiges verändert.

Das 10-geschossige Haus der Elektroindustrie entstand zwischen 1967 und 1969 und wurde teils aus Betonfertigteilen, teils Stein auf Stein errichtet. Seine schlichte Aluminiumfassade mit den Fenster- und Brüstungsbändern wurde ursprünglich nur von drei Eingangsbereichen unterbrochen. In den oberen Etagen befanden sich die großzügig angelegten Büros des Ministerium für Elektroindustrie und Elektronik. Im Erdgeschoss wurden Elektrogeräte verkauft.

Nach der Wende zog die Treuhandanstalt in das Gebäude ein. Wenig später wurde der Abriss vorgeschlagen. Doch die neue Eigentümerin, die Treuhand-Liegenschafts-Gesellschaft (TLG), stimmte dem nicht zu – schließlich ließ sich ihr Bürogebäude bestens vermieten. Daher wurde das Haus der Elektroindustrie in den Jahren 1991 bis 1997 innen komplett saniert und in Ausstattung und Technik modernisiert. Die ursprüngliche Einteilung des Gebäudes wurde jedoch beibehalten.

Heute residieren in drei Stockwerken die 180 Berliner Mitarbeiter des Bundesumweltministeriums. Die Tradition des Hauses hat sich nur im Ladengeschoss gehalten, wo Elektro- und Mediengeschäfte heute CDs statt Platten verkaufen.

Haus des Reisens

Alexanderplatz 5
Ⓢ Ⓤ Alexander-
platz

1969–1971

Architekten
Roland Korn,
Johannes Brieske,
Roland Steiger

An der nordöstlichen Ecke des Alexanderplatzes steht mit einer Seite zur Otto-Braun-Straße, mit der anderen Seite zum Platz hin, das Haus des Reisens. Diejenigen, die von der Karl-Marx-Allee kommen, empfängt es schonungslos mit den harten Linien der 70er-Jahre-Moderne: keine unnötigen Verkleidungen umhüllen die Konstruktion dieses Gebäudes. Freimütig zeigt es sein Stahlgerüst, das die vielen Brüstungen an der Außenfassade zusammenhält.

Das 17-geschossige Gebäude besteht aus zwei schlanken Bürotürmen, die durch einen betonierten Mittelteil verbunden sind. Ein zweigeschossiger Flachbau, der weit auf den Bürgersteig vorragt, ist dem Hochhaus untergeschoben. Hier ist eine der typischen Betondekorationen aus zusammensetzbaren Fertigteilen angebracht, die an vielen Flachbauten der DDR aus den 60er und 70er Jahren zu finden sind. Für die Fassade zur Otto-Braun-Straße fertigte Walter Womacka, von dem auch der Fries am Haus des Lehrers stammt, die etwas martialische Kupfertreibarbeit „Der Mensch überwindet Zeit und Raum".

Noch bis 1990 vermittelten das staatliche Reisebüro der DDR und die Fluggesellschaft Interflug hier Reisen ins sozialistische Ausland. Heute haben das Reisebüro Atlas-Reisewelt, ein Möbelladen und verschiedene andere Mieter das Gebäude übernommen. Darunter sind auch Künstler, Architekten und Musiker, die vorher im Haus des Lehrers (▸ S. 18) ihr Domizil hatten. In der ehemaligen Gaststätte Spreegarten hat sich der Club Sternradio eingemietet.

Die Tage des Haus des Reisens sind jedoch gezählt. Ein Unternehmer will es voraussichtlich im Jahr 2005 abreißen und dann zusammen mit der HypoVereinsbank an gleicher Stelle ein moderneres Bürohochhaus errichten lassen.

Sternradio
Techno/House Club
Alexanderplatz 5
☏ (0 30) 24 72 49 82
www.sternradio-
berlin.de

Alexanderplatz 4
Ⓢ Ⓤ Alexander-
platz

1961–1964

Architekt
Hermann
Henselmann

BERLIN CONGRESS CENTER (BCC)

Haus des Lehrers und Kongresshalle

Das schlanke **Haus des Lehrers** von Hermann Henselmann gehört zu den Klassikern der DDR-Moderne. Schon von weitem erkennt man das kühne Hochhaus am östlichen Rand des Alexanderplatzes an seinem Wandfries von Walter Womacka. Die Ost-Berliner nannten das 127 m lange und sieben Meter hohe Puzzle aus 800 000 bunten Glassteinchen liebevoll „Bauchbinde". Gezeigt wird der Alltag der Jugend in der DDR – wie Sozialisten ihn sich vorstellten: links an der Front ist der Unterricht in den Wissenschaften mit Globus, Mikroskop, Sternwarte und Planetenmodell dargestellt, daneben Szenen der Freundschaft und Familie.

Mit dem 12-geschossigen Haus des Lehrers begann 1964 der Aufbau des neuen sozialistischen Alexanderplatzes. Hermann Henselmann knüpfte nach der historisierenden Phase der 50er Jahre an der Karl-Marx-Allee, (1. Bauabschnitt, ▸ S. 48) nun wieder bei der modernen Architektur an. So wählte er für das Pädagogenzentrum die einfache Form eines rechtwinkligen, schlanken Hochhauses, dessen glatte Fassaden weder durch Erker noch durch Brüstungen unterbrochen werden. Das 54 m hohe Gebäude aus Stahl, Beton und Glas wurde fast genau an die Stelle gesetzt, an der bis zum II. Weltkrieg das Lehrervereinshaus von 1908 gestanden hatte.

Erst in unmittelbarer Nähe erkennt man, dass das Haus des Lehrers nicht auf einem soliden Sockel ruht. Es scheint vielmehr von einer Reihe massiver Rundsäulen empor gehoben zu werden. Sein Betonskelett ist nur zu erahnen, hängt doch darüber die erste Vorhang-Fassade, die in der DDR realisiert wurde. Aus Glas und Aluminium gefertigt, wurde sie dem Gerüst wie ein Hemd übergezogen. Für die

Fassade wurde erstmals ein spezieller Reinigungslift entwickelt, dessen Patent später für viele Neubauten verwendet wurde.

Bis 1990 fungierte das Haus des Lehrers vor allem als Kultur-, Bildungs- und Informationszentrum für Pädagogen und Eltern. Neben einer Bibliothek gab es ein etagengroßes Café, ein Restaurant, einen Clubraum und kleinere Vortrags- und Versammlungsräume.

Zum Haus des Lehrers gehört die zweistöckige **Kongresshalle** nebenan. Das Ensemble der beiden Gesellschaftsbauten hatte Henselmann nach dem Leitmotiv des „produktiven Widerspruchs" entwickelt: ein hohes Gebäude mit vielen kleineren Versammlungszimmern und ein flaches Gebäude mit einem großem Veranstaltungsraum. In dem quadratischen Flachbau der Kongresshalle mit der Kuppel befindet sich ein kreisrunder Saal. Das Leitmotiv steckt hier im „Widerspiel von Kubus und Zylinder", wie Henselmann die Grundidee für das Gebäude beschreibt. Auch der Gegensatz von offenen und geschlossenen Räumen entspricht dieser Idee: nach einem Konzert im geschlossenen Saal kam man in die weit geöffneten gläsernen Foyers und blickte auf den Alexanderplatz.

Wie schon das Bibliotheksmagazin im Haus des Lehrers sinnvoll durch den Fries verdunkelt wurde – eine geschickte Art der Klimatisierung – war der Saal der Kongresshalle mit einer abschirmenden Kuppel gedeckt. Hier sollte man sich auf die Darbietungen konzentrieren können. Dabei wurden die für den guten Klang benötigten Akustikwände besonders schön ausgeformt und nicht etwa versteckt. Auch die Farben waren klar gewählt, Weiß beherrschte die Räume, kontrastiert von kräftigen Farben.

Bis 2004 werden die Kongresshalle und das Haus des Lehrers grundsaniert und zum Berlin Congress Center (BCC) umgebaut. Da das Ensemble unter Denkmalschutz steht, wird es zumindest sein äußeres Gesicht behalten.

1999–2002 fanden Künstler, Architekten und Web-Designer im Haus des Lehrers günstigen Arbeitsraum – und gestalteten 2001/2002 die Lichtinstallation „Blinkenlights": 144 Strahler verwandelten die Außenfassade nachts in ein interaktives Kunstwerk: Eine blinkendes Herz verbreitete Liebesbotschaften, per Telefon konnte man beim projizierten Videospiel „Pong" mitspielen.

Panoramastraße1
Ⓢ Ⓤ Alexander-
platz

1965–1969

Konzeption
Hermann
Henselmann

Architekten
Fritz Dieter,
Günter Franke

Umbauung
Walter Herzog

Fernsehturm

Schlank in den Himmel Berlins aufragend, mit einer Kugel im oberen Drittel, die ein wenig an eine Disko-Kugel der 70er Jahre erinnert: so hat sich der Fernsehturm den Berlinern längst eingeprägt und ist ähnlich wie der Eiffelturm für die Pariser zu einem Wahrzeichen für die Stadt geworden.

Der Fernsehturm gehört zu den bekanntesten Bauwerken sozialistischer Architektur überhaupt. Von Anfang an war er bei der Bevölkerung populär, wurde liebevoll „Telespargel" genannt und war zu DDR-Zeiten sogar als Plastikspielzeug zu haben.

Der Turm wird aber auch schnell zum Freund jedes Berlin-Besuchers. Er eignet sich bestens als Anhaltspunkt, um aus dem Gewirr der Hauptstadtstraßen wieder herauszufinden und erleichtert den Forschungsreisenden im Dschungel Berlin, die Karte richtig herum zu halten.

Mit 365 m gehört der Berliner Fernsehturm zu den höchsten Gebäuden der westlichen Welt. Er überragt den Pariser Eiffelturm um 65 m. Würde ein Multimillionär auf den Gedanken kommen, ihn nach Manhattan umzusetzen, müsste der Turm sich unter den Wolkenkratzern nicht schämen: Er wäre dort das zweithöchste Gebäude, nur übertroffen vom 381 m hohen Empire State Building.

Dieser Gigant ist der Beweis: natürlich konnte man in der DDR hoch bauen. Aber um Himmels willen nicht höher als in der Sowjetunion. Selbstverständlich ist der Moskauer Fernsehturm viel größer.

Die imposante Wirkung des Gebäudes beruht jedoch auf einem Bluff. Etwa ein Drittel der Höhe wird durch eine höchst simple Antennenkonstruktion aus Stahl erreicht, die allein stattliche 115 m beträgt. Die berühmte Kugel befindet sich schon in 200 m Höhe. Die allerdings ist einen Besuch wert. Der Aufzug

katapultiert Besucher in nur 40 Sekunden in diese Schwindel erregende Höhe. Dort hat man bei gutem Wetter einen ausgezeichneten Blick über die ganze Stadt (ca. 40 km weit). Und das sogar in zwei Varianten. Einmal ganz pur und unabgelenkt in der Aussichtsetage. Wem die Höhe den Appetit nicht verdorben hat, der kann im Telecafé eine Etage höher bei Kaffee und Kuchen bequem die ganze Stadt an sich vorbeiziehen lassen: Tische und Stühle stehen auf einem Drehring, der sich zweimal pro Stunde um seine Achse dreht. Zu DDR-Zeiten drehte sich der Ring übrigens nur einmal pro Stunde um sich selbst.

Architektonisch stellt die zwischen 1965 und 1969 erbaute Anlage ein kleines Kuriosum dar. Der Turm basiert auf einem Entwurf von Hermann Henselmann, der Fuß und die Umbauung stammt von Walter Herzog. Henselmann hatte ursprünglich einen mausoleumsartigen, klassizistischen Unterbau geplant. Ob der besser zum Turm gepasst hätte, lässt sich heute schwer beurteilen. Die markanten Betonzacken Herzogs bilden allerdings stilistisch einen starken Kontrast zum schlichten Turmbau. In jenem Fuß fanden regelmäßig Kunst- oder Fotoausstellungen statt. Diese Tradition wurde bis heute beibehalten.

Über den Turm erzählen sich die Berliner die sonderbare Geschichte, dass dieses Prestige-Objekt des Sozialismus zwar nun alle Kirchtürme der Stadt weit überragt, aber zum Ärger der Erbauer deutlich sichtbar ein christliches Symbol zeigt: Bei schönem Wetter entsteht auf der Kugel durch die Reflexion des Sonnenlichts ein funkelndes Lichtkreuz.

Ganz nebenbei strahlt der Fernsehturm auch noch ein paar Rundfunk- und Fernsehsender aus, ein Aspekt, der über seinen anderen aufregenden Eigenschaften fast vergessen wurde. Und so kennt auch kaum jemand noch seinen ursprünglichen offiziellen Namen: „Fernseh- und UKW-Turm Berlin".

Gesamthöhe 365 m
Aufzug zur Plattform (203 m): 6,50 €
200 Plätze im Tele-Café (207 m)
März–Okt.
tgl. 9–1 Uhr
Nov.–Feb.
tgl. 10–24 Uhr
☎ (0 30) 2 42 33 33
www.berlinerfernseh turm.de

Rathausstraße 2–13
Ⓢ Ⓤ Alexander-
platz

1967–1973

Architekten
Heinz Graffunder,
Lothar Köhler,
Dietmar Kuntzsch,
Peter Schweizer,
Walter Wenzel

Rathauspassagen

Zwischen Rotem Rathaus und Alexanderplatz gelegen, gehören sie zu den markanten Bauwerken im
Zentrum Ost-Berlins: die Rathauspassagen.

Die Wohn- und Geschäftshäuser der Rathaus-
passagen wurden von dem Architektenkollektiv um
Heinz Graffunder entworfen. Die Grundidee war, die
Fußgängerzone um den Fernsehturm mit offenen
und überdachten Ladenpassagen in einen groß-
städtischen Einkaufsbereich zu verwandeln. Viele
kleine Geschäfte und Restaurants wurden in einem
2-geschossigen Flachbau unterhalb des Wohntraktes
untergebracht, über Durchgänge gelangte man in
grüne Innenhöfe. Über dem Einkaufsbereich lag ein
Geschoss mit einer begehbaren Terrasse, wo Kinder-
tagesstätten und Arztpraxen untergebracht waren.

Das Besondere an der Konstruktion aber ist der
Wohntrakt über der Passage: die 9-geschossigen
Wohnblocks erheben sich auf Stelzen über den
Gewerbe- und Terrassengeschossen. In den fünf
quaderförmigen Gebäuden haben rund 1300 Wohnungen Platz. Ihre Groß- und Rahmenplatten formen
eine streng gerasterte und ausgesprochen plastische
Fassade aus unzähligen Vierecken – ein Verweis auf
die Fassade der Bürohäuser von Peter Behrens am
Alexanderplatz. Giebel, Fahrstuhl- und Treppen-
hausschächte sind durch eine rote Klinkerfassade
abgesetzt, die wiederum eine Verbindung zum Roten
Rathaus gegenüber knüpften.

Nach der Wende wurden die Wohngebäude modernisiert und der ganze Passagenkomplex unter
Denkmalsschutz gestellt. Auch die Einkaufspassagen
unterhalb der Wohngebäude werden jetzt zur modernen Shopping-Mall umgebaut.

Marx-Engels-Forum

Karl-Liebknecht-Straße / Ecke Spandauer Straße
Ⓢ Ⓤ Alexanderplatz

1985/1986

Gesamtleitung Denkmal-Ensemble Ludwig Engelhardt

Konzeption Park Peter Kreuzberg

Marx und Engels stehen hinter der Nikolaikirche und schauen auf den Fernsehturm und das dahinter liegende Interhotel. „Toll", sagt Marx, „dieser Sozialismus hier." „Mag sein", erwidert Engels, „aber weißt du, was das alles gekostet hat?" – „Nee." – „Na", meint Engels, „dann setz dich erst mal hin".

Von Anfang an spotteten die Ost-Berliner über das überlebensgroße Denkmal am Marx-Engels-Forum. Hier, im Zentrum Ost-Berlins, auf dem Gelände eines ehemals dicht besiedelten Proletarierviertels, wollte die SED-Führung an die Traditionen erinnern, aus denen die DDR hervorgegangen war. Das waren zunächst die Begründer des „wissenschaftlichen Sozialismus", Karl Marx und Friedrich Engels, die hier als Figuren-Ensemble aus Bronze gegossen wurden. Marx galt dabei immer als der größere Denker. Warum ausgerechnet er sitzend und Engels stehend dargestellt wurde, verstand niemand so recht.

Natürlich berief man sich, wenn es um die Wurzeln der DDR ging, auch auf die Arbeiterbewegung, die mit Marxens Philosophie verbunden war. In acht schmale Stahlplatten vor dem Denkmal sind Fotografien zum „weltrevolutionären Prozess der Arbeiterbewegung" eingeätzt. Mit den Bronzereliefs „Die Würde und Schönheit freier Menschen" von Margret Midell wurde auch die Gegenwart bedacht, in der die Wünsche und Sehnsüchte der Menschheit nach SED-Ansicht auf das Beste in Erfüllung gegangen waren.

Als einzigartiges Zeugnis des politischen DDR-Selbstverständnisses wurde das Ensemble unter Denkmalsschutz gestellt - zur Überraschung vieler Ost-Berliner. Denn viele glaubten zunächst, dass das sozialistische Forum als eines der ersten DDR-Objekte der neuen Stadtplanung zum Opfer fallen würde.

🇸🇺 Alexander-
platz

1980–1987

Leitung
Günther Stahn

Nikolaikirche
Nikolaikirchplatz
Di–So 10–18 Uhr
☎ (0 30) 2 40 02 18-2

Nikolaiviertel

Zwischen Spree und Rotem Rathaus liegen die ver-
winkelten Alt-Berliner Gassen des Nikolaiviertels.
Doch die gemütlichen Bürgerhäuser, Gasthöfe, Läden
und Höfe sind jünger als der großstädtische Alexanderplatz um die Ecke, das ganze Viertel wurde erst in
den 80er Jahren errichtet.

Das Nikolaiviertel, dessen Ursprünge bis ins 13.
Jh. zurückgehen, war im II. Weltkrieg fast völlig
zerstört worden. Das Areal lag jahrzehntelang brach.
Erst in den 80ern entschied man anlässlich der 750-
Jahr-Feier Berlins den Wiederaufbau des historischen
Viertels, der 1987 pünktlich zu den Feierlichkeiten
abgeschlossen wurde.

Zunächst sollte das Viertel originalgetreu und mit
historischen Bautechniken wieder aufgebaut werden,
wie es Studenten der Weißenseer Kunsthochschule
(▸ S. 86) angeregt hatten. Der leitende Architekt
Günter Stahn setzte sich jedoch mit einer Mischung
aus Alt und Neu durch. Sein Wiederaufbau war dann
weniger eine Rekonstruktion des historischen Origi-
nals, sondern vielmehr eine freie Nachempfindung
der Alt-Berliner Bauten. Wie bei vielen Sanierungs-
vorhaben in der DDR wurden bei den Rekonstrukti-
onen speziell angefertigte Plattenbauteile verwendet.
Viele der originalgetreu rekonstruierten Häuser
befanden sich ursprünglich an einer anderen Stelle.
Die Lücken zwischen den historischen Bauten wurden mit Plattenbauten geschlossen, die die Erker und
Fassaden der Bürgerhäuser nachahmten. Insgesamt
ist ein in sich geschlossenes Viertel mit gefälligem
Altstadtflair entstanden. Einige Kritiker bezeichneten
das Retortenviertel jedoch als sozialistisches Disney-
land.

Die **Nikolaikirche** ist allerdings ein Original. Sie
wurde bereits 1230 als Feldstein-Basilika errichtet

und gab dem Viertel seinen Namen. Im II. Weltkrieg wurde sie bis auf die Außenwände zerstört und später vorbildlich restauriert. Die Geschichte der Kirche wird in einer Dauerausstellung im Inneren dokumentiert.

Rund um die Nikolaikirche wurden Bürgerhäuser früherer Jahrhunderte wieder aufgebaut. Dazu gehört das nach seinem ehemaligen Besitzer benannte **Knoblauchhaus** von 1759 mit dem markanten Rankenfries und einer historisch gestalteten Weinstube in der Poststraße. Im 18. Jh. hat es – eine Ausnahme im Nikolaiviertel – auch tatsächlich an dieser Stelle gestanden. Heute kann man darin eine rekonstruierte Bürgerwohnung dieser Zeit ansehen.

In der Poststraße wurde die berühmte **Gerichts-laube** wiedererrichtet, die sich früher im Alten Berliner Rathaus befand. An der Poststraße/Ecke Mühlendamm wurde das **Ephraimpalais** wieder aufgebaut, das ursprünglich nur wenige Meter entfernt gestanden hatte. Baumeister Friedrich Wilhelm Dietrichs (1702–1782) hatte es um 1766 für den Hofbankier von Friedrich II., Veitel Heine Ephraim errichtet. Es galt als das schönste Berliner Bürgerhaus der Rokokozeit. Das Original wurde 1935 wegen der Erweiterung der Mühlendammbrücke abgetragen, wobei jedoch Fassadenteile erhalten blieben, die man bei der Rekonstruktion verwendete. Heute sind im Ephraimpalais auf drei Stockwerken wechselnde Ausstellungen zur Berliner Kunst- und Kulturgeschichte zu sehen.

Außerdem wurden einige Alt-Berliner Gaststätten wie „Zur Rippe" oder „Zum Nussbaum" rekonstruiert. Der Gasthof **„Zum Nußbaum"** war 1705 erbaut worden und verdankte seinen Namen dem Baum, der vor dem Lokal stand – allerdings damals auf der anderen Seite der Spree, auf der heutigen Fischerinsel. Alt-Berliner Größen wie Heinrich Zille, Claire Waldoff und Otto Nagel verkehrten in der Kneipe. Heute kann man sich im „Nussbaum" an typisch Berliner Gerichten wie hausgemachtem Eisbein erfreuen.

Knoblauchhaus
Poststr. 23
Di–So 10–18 Uhr
☏ (0 30) 24 00 21 71

Ephraim-Palais
Poststr. 16
Di–So 10–18 Uhr
☏ (0 30) 2 40 02-0

Zum Nussbaum
Am Nussbaum 3
Tgl. ab 12 Uhr
☏ (0 30) 2 42 30 95

Dircksenstraße 38
Ⓢ Ⓤ Alexander-
platz

1984–1987

Leitung
Jochen Jentsch

Wohnungsbaugesell-
schaft Berlin-Mitte
(WBM)
☏ (0 30) 24 71 30

WOHNUNGSBAUGESELLSCHAFT MITTE

KWV-Gebäude

Hinsichtlich Konstruktion und Gestaltung tanzt das sanft geschwungene Gebäude an der Ecke Dircksen-/Rochstraße ziemlich aus der Reihe: jenseits des genormten Plattenbaus leistete sich die späte DDR hier 1987 einen Funktionsbau der etwas anderen Art. Gebaut wurde er für den Volkseigenen Betrieb Kommunale Wohnungsverwaltung (VEB KWV) mit damals 51 600 zu verwaltenden Wohnungen.

Man mag kaum glauben, dass das Gebäude tatsächlich aus den 80er Jahren stammen soll. Die durchlaufenden Simse und Fensterbänder mit den abgerundeten Ecken, aber auch die braunen und weißen Kacheln scheinen eher den 20ern entsprungen zu sein. Geht man in das Gebäude hinein (z.B. unter dem Vorwand, sich für eine Wohnung zu interessieren), setzen sich die gerundeten Außenwände noch durch die Fassade nach innen fort. Das Haus wurde so gebaut, dass es sich dem gekrümmten Straßenverlauf harmonisch anpasste. Die Schichtung der Fensterbänder und Gesimse beruht auf dem Hubplatten-Verfahren: mit nur zwei stabilisierenden Trägern ist es so möglich, die acht weitläufigen Geschosse wie Platten aufeinander zu stapeln. Der Vorteil: die weitere Gestaltung eines Geschosses war nicht mehr durch tragende Wände behindert.

Mit der Fassadengestaltung zollten die Planer aber auch dem Architekten Alfred Grenander ihren Tribut. Sein Gebäude für die Berliner Verkehrsbetriebe (BVB) von 1931 einige Häuser weiter, an der Ecke Dircksen-/Rosa-Luxemburgstraße, lebt ebenso von den durchlaufenden Simsen, allerdings ist hier die Fassade in Backstein gehalten.

Nach der Wende ging aus der KWV die Wohnungsbaugesellschaft Berlin-Mitte (WBM) hervor, die das angestammte Verwaltungsgebäude übernahm.

NORDEN

ORANIEN-
BURGER TOR

FRIEDRICHSTRASSE

Friedrichstadtpalast

HACKESCHER
MARKT

SPREE

S-BAHN

Tränenpalast

FRIEDRICH-
STRASSE

Hotel "Unter
den Linden"

Palast der
Republik

Sowjetisches
Ehrenmal

Unter den Linden

UNTER DEN
LINDEN

Staatsrat

FRANZÖSISCHE
STRASSE

HAUSVOGTEI-
PLATZ

Wilhelmstrasse

MOHREN-
STRASSE

STADTMITTE

Leipziger Strasse

Mauer

NIEDERKIRCHNERSTRASSE

Am Schlossplatz
🚌 100, 200, 348
Lustgarten

1973–1976

Architekten
Heinz Graffunder,
Erhardt Gißke,
Manfred Prasser

Palast der Republik

Auch wenn er immer noch imposant in der Sonne schimmert – der 180 m lange und 85 m breite Kasten an der Spree ist eigentlich eine hohle Ruine. Die rotgoldenen Spiegelscheiben sind zwar geblieben. Die schneeweiße Betonverschalung aber wurde abmontiert, und innen steht nur noch das Betonskelett.

Das Gebäude steht auf dem ehemaligen Schlossplatz. Nach dem Abriss der Schlossruine 1950 war man sich über die Neugestaltung des Platzes nicht einig. Nur eins war klar: hier sollte ein neuer Repräsentationsbau für den jungen sozialistischen Staat entstehen. Entwürfe berühmter Architekten von Scharoun bis Henselmann wurden nach eingehender Betrachtung wieder verworfen. Ursprünglich dachte man an ein Parlamentsgebäude in sowjetischen Stil. Es sollte alle anderen Bauten der Innenstadt weit überragen und architektonisch mit der Stalinallee korrespondieren. Ende der 50er Jahre änderte sich aber der Blickwinkel der ostdeutschen Städteplaner. Um den Eindruck zu vermeiden, der Staat unterscheide sich grundlegend vom Volke, sollten politische Gebäude nicht mehr in die Höhe gebaut werden. Lediglich kulturelle Einrichtungen hatten das Vorrecht, im wörtlichen Sinne „herausragend" zu sein. In den Bezirkshauptstädten ist dieses Konzept auch konsequent durchgehalten worden. Man denke an den Leipziger „Uni-Riesen" oder den „Kulturfinger" in Neubrandenburg.

Erstaunlich spät, Anfang der 70er Jahre, einigte man sich auf ein nicht sehr hohes, dafür aber großflächiges Mehrzweckgebäude, das den volksnahen Charakter der DDR repräsentieren sollte. 1973 begann der Bau unter der Leitung von Erhardt Gißke und Heinz Graffunder. Nach 32-monatiger Bauzeit wurde der Palast im April 1976 vom Partei- und

Staatschef Erich Honecker eingeweiht. Tausende verschiedenfarbige Lampen waren montiert, viel Spiegelfläche und Glas eingesetzt worden, um den Palast in allen Facetten erstrahlen zu lassen. Bald trug der Palast deshalb den Spitznamen „Erichs Lampenladen".

An der Vorderseite des Gebäudes zu den Linden hinaus prangte zentral das Emblem der DDR, Hammer und Zirkel im Ährenkranz. Noch heute ist die Stelle an der kreisförmigen Kontur gut zu erkennen. Über ein prachtvolles Foyer gelangte man in die 13 Restaurants und Ausstellungsräume, die täglich geöffnet hatten. Viele DDR-Maler stellten hier ihre Werke aus.

Weitere Einrichtungen waren der große Veranstaltungssaal mit 5000 Sitzen (ein technisches Meisterwerk Manfred Prassers) und das „tip" (Theater im Palast). Auch die Volkskammer, das offizielle, aber machtlose Parlament der DDR, hatte hier ihren Sitz. Erst nach den DDR-Wahlen im März 1990 wurde die Volkskammer ein wirklich demokratisches Parlament, das sich freilich zugunsten der Wiedervereinigung bald selbst auflöste.

Im September 1990 wurde der Palast wegen Asbestverseuchung geschlossen. Da gleichzeitig auch in den Gebäuden der Freien Universität in Dahlem Asbestspuren nachgewiesen wurden und man dort das Problem aber pragmatisch mit Versiegelungen löste, entstand bald ein Witzwort in Berlin: Man müsse eben unterscheiden zwischen Asbost und Aswest.

Nachdem der Bundestag die Neuerrichtung des Schlosses und den Abriss des Palastes beschlossen hatte, machte das Gebäude im Jahr 2003 überraschend wieder Schlagzeilen. Die Stadtmarketinggesellschaft „Partner für Berlin" setzte durch, dass die Ruine für Zwischennutzungen wieder geöffnet wird. Nach erfolgreichen Führungen im Sommer 2003 und geplanten Konzerten werden sogar im Berliner Senat wieder Stimmen laut, die den Erhalt des Palastes für kostengünstiger halten als einen Abriss.

Schlossplatz 1
🚌 100, 200, 348
Lustgarten

1962–1964

Leitung
Roland Korn mit
dem VEB Berlin-
Projekt

Innenarchitektur
Hans-Erich
Bogatzky u.a.

Staatsratsgebäude

Das Staatsratsgebäude am Marx-Engels-Platz 1 (heute Schlossplatz 1) war eine der prominentesten Adressen in Ost-Berlin. Hier residierte der Staatsratsvorsitzende, hier wurden Staatsgäste aus aller Welt empfangen.

Von der Straße weit zurückgesetzt, wirkt das 1964 eingeweihte Gebäude mit seinen hohen Fenstern einschüchternd monumental. Große symbolische Bedeutung gewinnt das Gebäude durch das so genannte Liebknecht-Portal: Es stammt aus dem 1950 gesprengten Stadtschloss (das schräg gegenüber auf dem Schlossplatz stand) und wurde in die Fassade des Staatsratsgebäudes integriert. Von dem Balkon dieses Portals hatte Karl Liebknecht am 9. November 1918 die „Sozialistische Republik" ausgerufen. Zwar wurde es damals noch nichts mit der Sozialistischen Republik. Doch verstanden sich die Kommunisten der DDR als legitime Vollender der sozialistischen Revolution von 1918.

Mit dem Schlossportal übernahm das Staatsratsgebäude auch Fassadengliederung und Raumhöhen der alten Hohenzollernresidenz. Beim Betreten des Gebäudes fällt denn auch die schlossähnliche Raumhöhe auf. Wie im gesprengten Schloss liegen die großzügigen Festsäle im zweiten Geschoss. Arbeits- und Sitzungsräume lagen im ersten, die Dienstbüros der Staatsratsmitglieder im Erdgeschoss.

Vom Erdgeschoss führt eine breite, freischwebende Treppe nach oben. Ihr Lauf ist mit einem roten Teppich bespannt. Ein Wandbild von Walter Womakka nimmt die gesamte verglaste Fläche hinter der Treppe ein. Es zeigt in bunten Farben die Geschichte der deutschen Arbeiterbewegung: Karl Liebknecht und Rosa Luxemburg, der Reichstagsbrand, Bücherverbrennung und Bilder der Technik, Industrie,

Landwirtschaft, Natur, Familie und des Militärs. Ein Satz von Karl Liebknecht zieht sich durch das Bild: „Und ob wir dann noch leben werden, wenn es erreicht wird – leben wird unser Programm. Es wird die Welt der erlösten Menschheit beherrschen".

Das ursprüngliche Mobiliar im Staatsratsgebäude ist nur noch teilweise erhalten, doch die restliche Innenausstattung ist fast unverändert geblieben: Decken und Böden der Foyers in den drei Geschossen sind mit feinen geometrischen Mustern bedeckt. Helle Kacheln an den Wänden formen eine ungewöhnlich plastische Reliefstruktur.

In jedem der hohen, holzverkleideten Säle mit dem teuren Parkett oder den eigens angefertigten Teppichkreationen hängt jeweils eine eigene exzentrische Lampenkollektion. Der Bankettsaal wird von einem Porzellanfries mit naiven Szenen aus dem „Leben in der DDR" geschmückt. Im Kinosaal nebenan wurden Filme vor ihrer öffentlichen Freigabe auf ihre politische Korrektheit hin geprüft. Das Haus war für seine Zeit auch technisch exzellent ausgestattet: vollklimatisiert und schallgedämpft hatte es in jedem Raum einen Radio- und Fernsehanschluss.

Zwischen 1964 und 1989 standen Walter Ulbricht, Willy Stoph, Erich Honecker und Egon Krenz dem Staatsrat der DDR vor. Die Ironie der Geschichte wollte es, dass nach den sozialistischen Staatsoberhäuptern 1998 Bundeskanzler Gerhard Schröder im Staatsratsgebäude seinen Sitz aufschlug. So ging zwischen Liebknecht-Portal und Womacka-Glasbild nun der „Klassenfeind" seinen Amtsgeschäften nach – allerdings nur so lang, bis das neue, viel größere Bundeskanzleramt im Spreebogen fertig war.

Derzeit streitet man sich in Berlin darüber, ob in das unter Denkmalschutz stehende Haus eine private Elite-Uni für Wirtschaft einziehen darf oder ob das Staatsratsgebäude – weniger kapitalistisch – zu einem „Haus der Begegnung" mit Ausstellungen, Filmvorführungen und Vorträgen werden soll.

Ⓢ Unter den
Linden
ⓈⓊ Friedrich-
straße
Ⓤ Französische
Straße

Unter den Linden

Hier, Unter den Linden, versammeln sich auf engstem Raum viele der bekanntesten Sehenswürdigkei-
ten Berlins. Trotz – oder gerade wegen der geschicht-
lichen Bedeutung der 1,4 km langen Prachtstraße
wurden in der DDR-Zeit hier kaum herausragende
Bauten neuen Stils errichtet. Den sozialistischen
Stadtplanern kam es vor allem darauf an, historische
Gebäude zu rekonstruieren.

Zu den wichtigsten wieder aufgebauten Gebäuden zählen die **Deutsche Staatsoper**, die nach den
Orginalplänen von 1742 rekonstruiert wurde, das
benachbarte **Opernpalais** von Friedrich Wilhelm
Dietrichs und die **„Kommode"**, die ehemalige Kö-
nigliche Bibliothek, am Bebelplatz. Weil Lenin während seines Berliner Aufenthaltes 1895 hier oft saß
und las, war die Restaurierung besonders wichtig.

Geht man von hier an der südlichen Seite der
Linden weiter in Richtung Brandenburger Tor, findet man schließlich auch einige DDR-Neubauten,
wie etwa das **Funktionsgebäude der Komischen
Oper,** ein schlichtes weißes Verwaltungsgebäude mit
großen Parterrefenstern. Nach der Wende trat die
Komische Oper, die hier in den Schaufenstern seit
Jahrzehnten die Spaziergänger mit Plakaten umwarb,
einen Teil des Hauses an das Restaurant Dressler ab.

Nicht weit davon entfernt steht die heutige
Russische Botschaft, die ehemalige **Botschaft der
UdSSR.** Der klassizistische Komplex aus rötlichem
Stein, der 1950–1952 entstand, erinnert an die
Moskauer Architektur der 30er Jahre. In der Mitte
des Hauptportals streben zwei gewaltige Säulen auf
das Emblem der Sowjetrepublik zu, das die Stirn des
Hauses ziert. Oben auf dem Dach krönt ein würfel-
förmiges Säulenhäuschen das Portal, auf dem einst
die sowjetische Flagge wehte und heute die russische

**Staatsoper Unter
den Linden**
Unter den Linden 7
Restaurierung:
1950–1955
Leitung des Wieder-
aufbaus:
Richard Paulick

**Funktionsgebäude der
Komischen Oper**
Unter den Linden 37–41
1966
Architekten:
Elim Schmidt, Heinz
Dübel, Fritz Kühn

Russische Botschaft
Unter den Linden 55–65
1950–1952
Projektierung:
Ledebinsky & Skujin

Fahne zu sehen ist. An den halbrunden Fensterbögen im Innenhof gibt es noch sowjetrussische Symbole.

Unmittelbar hinter dem **Brandenburger Tor** verlief die Mauer, die samt Wachtposten – vom Absperrgitter am Pariser Platz aus – täglich von vielen DDR-Touristen angestaunt wurde. Das eiserne Kreuz mit dem Adler auf der Quadriga des Tors ließ die DDR-Regierung übrigens abmontieren, weil es sie zu sehr an das Symbol des Dritten Reiches erinnerte.

Wenn man auf der nördlichen Straßenseite zurück Richtung Spree spaziert, steht man nach etwa 100 m vor der ehemaligen **Botschaft der Volksrepublik Polen**. Sie ist ein Zweckbau, der nicht weiter erwähnenswert wäre, wären da nicht die 224 Lindenblätter aus Aluminium von Fritz Kühn, die zu einer Gitterwand zusammengefügt sind. Auf einem der Blätter hat der Bildhauer einen kleinen Vogel versteckt.

Die nächste Attraktion aus DDR-Tagen ist das ehemalige **Wiratex-Gebäude**. Fenster an Fenster, unterbrochen durch kleine farbige Glassegmente – so präsentiert es sich auch heute noch. Das Kunstwort Wiratex stand für die „Exportgesellschaft für Wirkwaren und Raumtextilien". 1964 nach Entwürfen von Peter Senf gebaut, enthielt das Haus Büroräume und einen Autosalon für Trabi, Wartburg & Co. Heute hat die Firma Peugeot den Salon übernommen.

An der Neuen Wache, dem ehemaligen **Mahnmal für die Opfer des Faschismus und Militarismus** schräg gegenüber der Staatsoper, endet unser Linden-Spaziergang. 1960 beschloss die DDR-Regierung, im Schinkelschen Arresthaus ein Mahnmal für die Opfer des Faschismus zu errichten. 1969 erst bekam der quadratische, fensterlose Innenraum das Aussehen, das jeder DDR-Bürger kannte: Ein facettenartig geschliffener Kristallwürfel stand in der Mitte, in ihm brannte eine ewige Flamme.

Seit 1993 ist die Neue Wache Zentrale Gedenkstätte der Bundesrepublik Deutschland und allen Opfern von Krieg und Gewaltherrschaft gewidmet. Innen steht heute eine Skulptur von Käthe Kollwitz.

Ehemalige Botschaft der Volksrepublik Polen
Unter den Linden 70–72
1966
Projektierung: Günther Leipold
Fassade: Fritz Kühn

Wiratex-Gebäude
Unter den Linden 62–68
1963/1964
Projektierung: Peter Senf

Neue Wache
Unter den Linden 4
1951–1957 Restaurierung
1960 Einrichtung als Mahnmal für die Opfer des Faschismus und Militarismus
1969 Neugestaltung des Innenraums
1993 Einweihung als Zentrale Gedenkstätte der Bundesrepublik Deutschland

Unter den
Linden 14
Ⓢ Ⓤ Friedrich-
straße

1964–1966

Architekten
Heinz Scharlipp,
Günter Boy,
Werner Strassen-
meier

Hotel Unter den Linden

Einige Meter von der Friedrichstraße zurückgesetzt,
steht an der Ecke zum Boulevard Unter den Linden
das gleichnamige „Hotel Unter den Linden". Seine
Fassade in hellem Blau und Beige scheint nur aus
Fenstern und dazwischen gezogenen Bändern zu bestehen. Das verglaste Erdgeschoss mit dem vorgela-
gerten Entrée wirkt klar und transparent. Das frühere
„Interhotel Unter den Linden" ist das letzte Gebäude
aus seiner Epoche an dieser Kreuzung. Das Haus hat
die 60er Jahre der DDR jedoch nicht nur in seinem
Äußeren konserviert. Der vorsichtige Umgang mit
dem Charme des Ostens kostete das Hotel allerdings
nach der Wiedervereinigung einen der vier Sterne,
die das „Unter den Linden" zu DDR-Zeiten wert gewesen war.

Natürlich wurde auch hier renoviert und auf-
gerüstet – die Küche, die Sicherheitsbedingungen,
das neue Hotel-Restaurant und einige Zimmer sind
mittlerweile auf neustem Stand. Das frühere Restaurant links vom Foyer ist aber bis auf wenige Details
in seiner Einrichtung unverändert geblieben. Heute
wird es als Frühstücksraum genutzt. Dunkle Holzverkleidungen, Polsterstühle und die alten Stoffhau-
ben-Lampen verbreiten noch die heimelige Aura der
gehobenen DDR-Gastronomie. An einer Vertäfelung
ist das alte Logo zu sehen: ein Lindenblatt, vier
Sterne und die Initialen HL. Dahinter hängt über der
Theke in der Mitte des Raumes ein Himmel von 3000
Glühbirnen, die warm und golden glitzern. Eine beeindruckende Installation, aber niemand kann sich
hier erinnern, dass einmal alle erleuchtet waren
– die ungeheure Hitzestrahlung, die dabei entstehen

müsste, möchte man sich in der Tat nicht vorstellen. Denn Klimaanlagen gab es im Hotel damals und heute nicht.

Die alte Hotelbar am Boulevard Unter den Linden wurde in den 90er Jahren zum neuen Hotel-Restaurant Tilia (lat. Linde) umgebaut. Die Theke der Hotelbar in Form hölzerner Sternzacken wurde dabei als einziges Mobiliar übernommen. Auch wegen seiner Sonnenterrasse scheint sich das neue Restaurant großer Beliebtheit zu erfreuen.

Viele der 331 Zimmer auf den fünf Etagen sind immer noch original möbliert. Vor allem in den sogenannten Standard-Einzelzimmern, eng geschnittenen Kojen mit jeweils einem schmalen Bettkasten, einer Schrankwand und einer Kofferbank scheint die Zeit stehen geblieben zu sein. Die Bäder sind jedoch alle renoviert. Man kann hier ab derzeit 67 € – inklusive Blick auf die Gemäuer der Staatsbibliothek und einem großzügigen Büffet zum Frühstück – recht günstig mitten im Zentrum Ost-Berlins logieren. Heute sind es vor allem preisbewusste Geschäftsreisende, die diese Gelegenheit nutzen.

Seit einigen Jahren wird darüber verhandelt, was mit dem freien Eckgrundstück vor dem Hotel passieren soll, das heute mit Kiosk und Hotel-Parkplatz öffentlich genutzt wird. Beim Bau des Hotels wurde die Fläche bewusst frei gelassen, da man die Friedrichstraße zu einem 66 m breiten Boulevard ausbauen wollte. Das Hotel Unter den Linden und sein Vorplatz sind die einzigen Zeugnisse dieser Pläne aus den 50er Jahren. Doch ihre Tage sind gezählt – ein Investor plant das Hotel abzureißen.

Hotel Unter den Linden
331 Zimmer
Einzelzimmer:
67–143 €
Doppelzimmer:
98–163 €
℡ (0 30) 2 38 11-0
www.hotel-unter-den-linden.de

Restaurant Tilia
Tgl. 11–23 Uhr
Bar tgl. bis 24 Uhr

Wilhelmstraße,
An der Kolonnade,
Gertrud-Kolmar-Straße
Ⓢ Unter den
Linden
Ⓤ Mohrenstraße

1985–1992

Architekten
Helmut Stingl,
Dietrich Kabisch
u.a.

Informations- und
Dokumentationszentrum
der Bundesbeauftragten
für die Unterlagen des
Staatssicherheitsdiens-
tes der ehemaligen DDR
Mauerstr. 38
Mo–Sa 10–18 Uhr
☎ (0 30) 22 41 74 70
www.bstu.de

Restaurant Samadhi
Wilhelmstraße 77
Mo–Fr
12–15 u. 18–23 Uhr
Sa 18–23 Uhr
So/Fei 12–23 Uhr
☎ (0 30) 22 48 85 50
Thaispezialitäten

WILHELMSTRASSE

Otto-Grotewohl-Straße

Wo einst die Palais des 18. Jhs. standen, erinnern heute kleine Erker und Wintergärten, Steildächer und Gesimse entfernt an deren Gestalt – zusammengesetzt aus Großplatten und Fertigbauteilen. Die letzte innerstädtische Großsiedlung der DDR wurde auf historischem Boden errichtet.

Die Wilhelmstraße war bis zum II. Weltkrieg der Tradition nach eine Regierungsstraße. Im 18. Jh. baute Friedrich Wilhelm I. hier, in der nach ihm benannten Friedrichstadt, seinen Ministern repräsentative Paläste und dahinter großzügige Gärten – die späteren „Ministergärten". Im 19. Jh. wurden die Gebäude schrittweise vom preußischen Staat übernommen, und die Wilhelmstraße entwickelte sich zu einer so bedeutenden Behördenstraße wie die Downing Street in London oder der Quai d'Orsay in Paris. 1933 bezogen die Nationalsozialisten dann einige der alten Paläste, rissen andere ab und bauten an gleicher Stelle neue Regierungskomplexe, wie die Neue Reichskanzlei Adolf Hitlers. Im II. Weltkrieg wurde das Regierungsviertel schließlich stark zerstört. Nach dem Krieg wurden die Ruinen teilweise von den Alliierten abgetragen – darunter auch die Neue Reichskanzlei (Voß-/Ecke Wilhelmstraße), von der aus Adolf Hitler regiert hatte.

1961 schnitt die Mauer dann die Wilhelmstrasse auf Höhe der Zimmerstrasse auseinander: ihr südlicher Teil gehörte nun zu West-, ihr nördlicher Teil zu Ost-Berlin. Letzterer Abschnitt wurde von der DDR umbenannt in Otto-Grotewohl-Straße. Unmittelbar an der Staatsgrenze gelegen, wurde ihre nach Westen zeigende Straßenseite mit den Ministergärten zum Sperrgebiet mit dahinter liegendem Todesstreifen, den sich die DDR zur „Sicherung der Grenze" vorbehielt. Nach und nach siedelten sich auf der östlichen

Straßenseite aber wieder Ministerien und diplomatische Vertretungen an.

1985, also nur vier Jahre vor dem Niedergang der DDR, wurde dann der Neubau eines ganzen Stadtviertels zwischen Wilhelmstraße und Mauer beschlossen. Zunächst gab es noch Zweifel, ob an der einstigen Regierungsmeile und auf dem Gelände des von den Alliierten gesprengten Führerbunkers nun tatsächlich Ost-Berliner Bürger wohnen sollten. Zumal mit Blick auf den Todesstreifen hinterm Haus. Doch der Architekt Helmut Stingl, der bereits bei den Neubauten in Marzahn (▸ S. 94) und am Ernst-Thälmann-Park (▸ S. 82) Erfahrungen gesammelt hatte, konnte den Bau an der Wilhelmstraße durchsetzen. Die Wohnungsvergabe wurde dann wie an anderen grenznahen Standorten nach „Linientreue und Staatsverdienst" geregelt.

Stingl wollte mit der Wohnanlage das alte Straßenbild aus dem 17. und 18. Jh. wieder in Erinnerung rufen. Die Straßen und Plätze sind daher nach den damaligen Städtebauprinzipien geschlossen angelegt und an einigen Stellen sogar leicht geschwungen, die Gebäude auf die alte Berliner Traufhöhe von 24 m beschränkt. Die Anlage ist damit individueller als die meisten Plattenbausiedlungen in Ost-Berlin gestaltet. Wo sich einst der Ehrenhof von Hitlers Neuer Reichskanzlei befand, baute Stingl einen Kinderspielplatz.

1989, etwa zwei Jahre nach Baubeginn, fiel die Mauer und fast alle städtebaulichen Prämissen änderten sich: Stingls Edelplattenbausiedlung lag jetzt nicht mehr am Rand, sondern mitten im Zentrum der wiedervereinigten Stadt. Heute wirken die Gebäude eher bescheiden im Vergleich zu den hochkarätigen Bauten der Stararchitekten am Potsdamer Platz. Trotzdem gehört die Wohnanlage an der Wilhelmstraße zum Besten, was das DDR-Bauwesen in Plattenbauweise hervorgebracht hat.

Denkmale am Finanzministerium
Das monumentale Gebäude in der Leipziger Straße 7 ist heute das Bundesfinanzministerium. Gebaut 1935/1936 als Luftfahrtministerium der Nazis, war es in der DDR das Haus der Ministerien. Im Säulengang zur Leipziger Straße schuf Max Lingner 1952 einen Wandfries. Er zeigt fröhliche Arbeiter und Bauern und erinnert an die Gründung der DDR am 7. Oktober 1949.

Als Kommentar zu Lingners Wandbild wurden 2001 an der Fassade des Ministeriums und auf der Freifläche vor dem Fries Fotografien des Arbeiteraufstandes vom 17. Juni 1953 angebracht.

Leipziger Straße
40–49 und 54–66
Ⓤ Stadtmitte
Ⓤ Spittelmarkt

1972–1982

Architekten
Joachim Näther
u.a.

Leipziger Straße

Ihre erhabene Seite entfaltet die Leipziger Straße, wenn man von Nordosten über die Getraudenstraße in sie einbiegt. Die Leipziger wird hier zum städtischen Highway und in der Ferne sieht man bereits die stolzen Doppelhochhäuser, die sich entlang der sanften Straßenbiegung wie Dominosteine hinter einander aufreihen: weiße Türme mit unzähligen Balkons, frei in ihren luftigen Höhen, abgehoben vom Lärm der Straße.

1945 lag auch die Leipziger Straße in Trümmern. Vor dem II. Weltkrieg eine der zentralen Verkehrs- und Einkaufsstraßen Berlins, geriet sie nach dem Mauerbau 1961 vollends ins Abseits. Bei ihrem Neuaufbau Anfang der 70er Jahre kam der Straße die städtebauliche Bedeutung zu, das Stadtzentrum von Ostberlin nach Süden hin abzuschließen – dort liegt der Stadtteil Kreuzberg, der zu West-Berlin gehörte.

Auf der südlichen Straßenseite der Leipziger entstanden vier Doppelgebäude mit jeweils 25 Geschossen und insgesamt mehr als 2000 Wohnungen. Im Gegensatz zur alten Blockrandbebauung, wo die aneinander anschließenden Häuser noch eine einheitliche Straßenflucht geformt hatten, standen die Hochhäuser nun jeweils frei für sich. Außerdem wandten sie der Straße ihre schmalen Seiten zu. Dazwischen sollten transparente Flachbauten mit Kaufhallen und Gaststätten die Straße zum Leben erwecken.

Die Riesen taten nicht nur als Grenzpfosten ihre Pflicht – gleich dahinter verlief schließlich die Mauer –, sondern maßen sich auch mit dem Axel-Springer-Hochhaus. Dieses war in den 60er Jahren gleich hinter der Mauer 19 Stockwerke hoch in den Himmel gewachsen. Eine an dem Presse-Haus angebrachte Leuchttafel strahlte obendrein ununterbrochen aktuelle Nachrichten aus der westlichen

Welt nach Ost-Berlin hinüber. Also versuchte man mit den Wohnbauten das feindliche Gegenüber an Höhenmetern zu übertrumpfen und es zugleich dem Blick der Ost-Berliner zu entziehen. Hatten aber die Mieter (darunter viele Diplomaten, Prominente und Botschaftspersonal) gute Beziehungen, gab es auch einen Balkon zum Westen raus. Die Wohnungen waren groß, hatten Fernwärme, Parkett, Garderobenschränke oder gar ein Gäste-WC. Für DDR-Verhältnisse waren sie überdurchschnittlich gut ausgestattet. Heute wohnen hier noch ungefähr zwei Drittel der Erstmieter von 1973.

Nach der Wende gingen die Hochhäuser in die Verwaltung von Wohnungsbaugesellschaften über und wurden teilweise saniert. Den Nummern 40/41 und 48/49 nahm man die schweren Brüstungen ab und hängte leichtere davor. Ihre Eingangsbereiche verwandelten sich in moderne Lobbies in kräftigem Grün oder Rot. Wagt man sich jedoch zu den Aufzügen und Wohnetagen vor, findet man fast alles noch beim Alten: 70er-Jahre-Design, Linoleumböden, und die ganze Farbpalette der Beige-Töne.

An der Nordseite der Leipziger wurde längs zur Straße eine Kette von 12- bis 14-geschossigen Wohn- und Bürohäusern mit Läden im Erdgeschoss errichtet. Viel Einkaufstrubel gab es hier aber nie, wie sich ein Betreiber des Checkpoint Kinos in der Leipziger Straße 55 erinnert. Bei der Neugestaltung der Leipziger bemühten sich die Stadtplaner auch, historische Baudenkmale in die moderne Stadtlandschaft zu integrieren. So wurde 1979 zwischen den Hochhäusern an der Südseite eine Kopie der Spittelkolonnaden aufgestellt. Das Original der halbkreisförmigen Kolonnaden aus dem Jahre 1776 von Karl von Gontard schmückte ursprünglich eine Brücke, die etwa auf Höhe der gegenüberliegenden Straßenseite über den mittelalterlichen Festungsgraben führte. Vor den Kolonnadengang stellte man später noch die Kopie einer Postmeilensäule von 1730, die auch ursprünglich dort gestanden haben soll.

Checkpoint Kino
Leipziger Str. 55
((0 30) 2 04 43 39
((0 30) 2 08 29 95
Mittwoch Kinotag

Die Mauer

Die Berliner Mauer ist nicht gerade ein Bauwerk im herkömmlichen Sinne – aber wohl das bekannteste bauliche Erzeugnis der DDR überhaupt.

Die Betonwand, die Berlin in zwei Hälften teilte, bestand eigentlich aus zwei Mauern. Dazwischen verlief der etwa 50 m breite Todesstreifen mit Wachttürmen, Schussfeld und Straßen für die Wachtposten.

Der Bau des „Antifaschistischen Schutzwalls" (DDR-Sprachregelung) begann am 13. August 1961 mit der Abriegelung von West-Berlin. Nach dem Aufziehen von Stacheldraht und Zäunen wurde die eigentliche Mauer gebaut – in dieser ersten Phase noch Stein für Stein (Jahre später wurde die Steinmauer durch die Betonfertigteile ersetzt, die bis 1989 die Grenze bildeten). Da manche Häuser zwar im Osten lagen, der Bürgersteig davor aber bereits zu West-Berlin gehörte, wurden diese Gebäude bald zugemauert. Zuvor spielten sich noch dramatische Szenen ab, als Menschen versuchten, über die Fenster dieser Häuser nach West-Berlin zu gelangen.

Bei Fluchversuchen an der Berliner Mauer kamen über 200 Menschen ums Leben. In der Nähe des Reichstages erinnern Holzkreuze und eine in den Bürgersteig eingelassene Mahntafel an getötete Flüchtlinge. Auch unter den DDR-Grenzsoldaten gab es Opfer, einige wurden von Flüchtlingen oder Fluchthelfern erschossen.

Bis zum Mauerfall mussten den immer weiter perfektionierten Anlagen Häuser, Friedhöfe und Plätze weichen. Die Versöhnungskirche im Mauerstreifen an der Bernauer Straße sprengte man gar erst 1985, also vier Jahre vor der Wende.

Als die Grenze im November 1989 fiel, wurde die Mauer sehr schnell demontiert. Zunächst wurden Grenzübergänge durch den Betonwall geschlagen,

dann rückten „Mauerspechte" dem antifaschistischen Schutzwall mit Hammer und Meißel zu Leibe. Noch heute werden Touristen an geschichtsträchtigen Orten wie am Brandenburger Tor oder dem Checkpoint Charlie solche – angeblich echten – Mauerstücke angeboten. Etliche große Mauerteile wurden auch vor der Zerstörung bewahrt und in alle Welt verkauft.

Originale Überreste der Mauer sind heute nur noch an wenigen Stellen zu finden, wie am Potsdamer Platz und an der Niederkirchnerstraße. Auf dem Invalidenfriedhof in Wedding ist neben den Mauerresten ein typischer Grenzwachtturm zu besichtigen. An der Bernauer Straße befindet sich eine Gedenkstätte: Die Designer Kolhoff & Kolhoff haben durch zwei quer zum Mauerverlauf errichtete Metallwände die Breite des Streifens dramatisch aufgezeigt.

Das längste und bekannteste Mauerstück aber steht in Friedrichshain an der Mühlenstraße (zwischen Ostbahnhof und Oberbaumbrücke): Die 1,5 km lange East Side Gallery. Auf Ost-Berliner Seite gelegen, wurde dieses Mauerstück gleich nach der Wende zur Open-Air-Galerie. Künstler aus aller Welt bemalten die grauen Betonwände. Eines der bekanntesten Motive ist vielleicht der innige Bruderkuss von Breshnjew und Honecker. Mehrere Bilder sind zwar weltberühmt geworden, doch ihr künstlerischer Wert ist umstritten.

Obwohl die Künstler ständig bemüht sind, ihre Bilder zu erneuern und zu restaurieren, sind die Werke vom Verfall bedroht. Trotzdem wird dieser Mauerstreifen wahrscheinlich noch lange zu besichtigen sein. Auch ohne Bemalung legt er ein beeindruckendes Zeugnis ab von der einstigen Trennung der Stadt. Denn sonst erinnert nicht mehr viel in Berlin an jene Tage des Kalten Krieges. Immerhin – dort, wo noch keine Wiederbebauung stattfand, ist an vielen Stellen der Verlauf der Mauer auf dem Boden durch Pflasterung oder einen roten Strich markiert.

Mauerreste am Martin-Grophius-Bau
Niederkirchnerstraße
Ⓢ Ⓤ Potsdamer Platz

Gedenkstätte Bernauer Straße
Bernauer Straße 111
Ⓤ Bernauer Straße

Auf das Fundament der 1985 gesprengten Versöhnungskirche in der Bernauer Straße wurde vor kurzem eine neue Kirche gebaut. Die „Kapelle der Versöhnung" ist ein runder Stampflehmbau mit offener Holzverkleidung. Davor liegen die erhalten gebliebenen Glocken der zerstörten Kirche.
www.kapelle-versoehnung.de

East Side Gallery
Mühlenstraße
Ⓢ Ⓤ Warschauer Straße
Ⓢ Ostbahnhof

Straße des 17. Juni
Ⓢ Unter den
Linden
🚌 100, 248
Reichstag/
Bundestag

1945

Architekt
Nikolai W.
Sergijewski

Bildhauer
Wladimir E. Zigal,
Lew E. Kerbel

Die Straße des 17. Juni
(im Westteil der Stadt)
trägt ihren Namen seit
dem 24. Juli 1953, um
an den Arbeiteraufstand
vom 17. Juni 1953 in
Ost-Berlin und anderen
Teilen der DDR zu erin-
nern.

Sowjetisches Ehrenmal im Tiergarten

An der Straße des 17. Juni, ein paar hundert Meter westlich vom Brandenburger Tor liegt das Sowjetische Ehrenmal. Ringsum grünt und blüht der
Tiergarten, da wirken die massigen Steinblöcke
besonders martialisch: ein Ehrentor mit mächtigen
Säulen, eine riesenhafte Soldatenstatue, Panzer und
Kanonen. Sie erinnern an den Sieg der Sowjetunion über Hitlerdeutschland und an die Soldaten der
Roten Armee, die im II. Weltkrieg bei der Eroberung
von Berlin gefallen sind.

Beim Sturm auf Berlin im April/Mai 1945 kamen
bis zu 80 000 russische Soldaten ums Leben. Bereits
wenige Tage nach der militärischen Kapitulation
Deutschlands am 8./9. Mai 1945 begann eine Gruppe
von sowjetischen Soldaten mit dem Architekten Nikolai W. Sergijewski und den Bildhauern Wladimir E.
Zigal und Lew E. Kerbel das Denkmal für die Gefallenen zu planen. Am 11. November 1945 konnte die
Gedenkstätte eingeweiht werden.

Dem Denkmal wuchs schon bei seinem Bau
höchste symbolische Bedeutung zu. Zunächst spiel-
te der Ort, den die sowjetische Armee ausgewählt
hatte, eine wichtige Rolle: nach Hitlers und seines
Architekten Speers Plänen sollte sich hier die „Ost-
West-Achse" (heute Straße des 17. Juni) mit der
geplanten „Nord-Süd-Achse" kreuzen und damit den
Mittelpunkt der nationalsozialistischen Hauptstadt
bilden. Gerade an dieser Stelle zu bauen, hieß für
das sowjetische Militär, seinen Sieg über die NS-Zeit
symbolisch zu manifestieren. Die gigantischen Gra-
nitquader des Ehrentores sollten die Vernichtung des
Feindes fassbar machen: sie sind als Trophäen aus
Hitlers Neuer Reichskanzlei herausgestemmt worden.

Über den Kolonnaden des Sowjetischen Ehrenmals erhebt sich ein marmorverkleideter Mittelpfeiler, auf dem die überlebensgroße Bronzestatue eines Rotarmisten den Arm zum Gruß erhebt. Stellvertretend für die überlebenden Soldaten, die nun bald in ihre Heimat zurückkehren durften, nimmt die Figur Abschied von den Gefallenen. Die sechs weiteren Säulen stehen für die Waffengattungen der Roten Armee; unter den entsprechenden Abzeichen finden sich auf russisch auch die Namen von 35 Soldaten, die in den letzten Kriegstagen gefallen sind. Davor sind rechts und links zwei Kanonen und die beiden sowjetischen Panzer der Reihe T-34 aufgestellt. Sie sollen im April 1945 als erste nach Berlin eingefahren sein.

Hinter dem Denkmal breitet sich ein kleiner Friedhof mit den Gräbern von ca. 2500 Soldaten aus. Früher versprühten hier noch zwei Wasserfontänen sinnbildlich die Tränen des sowjetischen Volkes über den Tod ihrer Soldaten.

Das Ehrenmal befindet sich nicht wie zu erwarten im ehemals sowjetischen, sondern im damaligen britischen Sektor des aufgeteilten Berlins. Bis 1947, als die Viermächteverwaltung noch gemeinsam regierte, nahm daran niemand Anstoß. Das sowjetische Denkmal wurde sogar mit einer Parade von Truppen aller vier Besatzungsmächte eingeweiht. Doch im Kalten Krieg geriet es bald zum Zankapfel der Auseinandersetzungen zwischen Ost und West. So wurden bis zum 13. August 1961 die Gedenkfeiern von sowjetischen Soldaten und Ost-Berliner Bürgern regelmäßig zu politischen Demonstrationen. Britische Soldaten zogen Stacheldraht um die Anlage auf, da sie Übergriffe von West-Berliner Bürgern befürchten. Nach dem Mauerbau stand das Mahnmal gänzlich auf der „falschen" Seite der Grenze, wurde aber rund um die Uhr durch die Rote Armee bewacht.

Am 22. Dezember 1990 ging die Wache ihre letzte Runde, dann übergab die Sowjetführung das Mahnmal an die Berliner Landesregierung. Mittlerweile steht das Ehrenmal unter Denkmalschutz.

Friedrichstraße 107
🅄 Oranienburger
Tor

1981–1984

Architekten
Manfred Prasser,
Erhardt Gißke

Friedrichstadtpalast
☎ (0 30) 23 26 22 03
www.friedrichstadt
palast.de

Friedrichstadtpalast

Die Schriftzüge auf dem Dach lassen niemanden im
Zweifel darüber, worum es sich handelt. Nicht jeder
findet den sonderbaren Kasten schön, obwohl die
orientalisch anmutende Außenfassade einen gewissen Reiz hat. Bunte Glaselemente sind in den Beton
eingelassen. In der Mitte der Front lädt ein transpa-
renter Vorbau aus Glas und Stahl zum Betreten des
Hauses ein. Flankiert wird er von zwölf schlossfens-
terähnlichen Scheibenmosaiken, die rund um die
Fassade führen und dem Haus einen palastartigen
Charakter verleihen.

Bei dem dreistöckigen Block, der zur Friedrichsstraße zeigt, handelt es sich aber nur um den
Foyerbereich. Der dahinter liegende Teil des Friedrichstadtpalastes ist keine besondere Augenweide,
sondern ein typischer grauer Plattenblock der 80er
Jahre. Die Sensation des Hauses ist die Hub- und
Drehbühne des Hauptsaals. Ihr Aussehen und ihre
Funktion kann in kürzester Zeit völlig verändert
und minutenschnell in eine Eisbahn, eine Manege
oder gar ein riesiges Wasserbecken verwandelt werden. Die Veranstalter behaupten denn auch stolz, sie
besäßen die raffinierteste und flexibelste Großbühne
der ganzen Welt.

Der heutige Friedrichstadtpalast, entworfen 1981
von Manfred Prasser und Erhardt Gißke, ersetzt den
alten, der gegenüber in der heutigen Reinhardtstraße
stand. Der Meisterregisseur Max Reinhardt nämlich
ließ 1919 das vorher als Zirkus dienende Gebäude
von dem Architekten Hans Poelzig (1869–1936) zu
einem expressionistischen Schauspielhaus umbauen.
Damit begann der Abstieg Reinhardts als Regisseur.
Das für Schauspielzwecke viel zu große Haus bot
Anlass für jede Menge Spott. Sogar seine früheren
Anhänger sprachen vom „Reinhardt-Zirkus" und der

„Tropfsteinhöhle" (wegen der ungünstig verteilten Säulen, die in einigen Fällen die Sicht auf die Bühne verdeckten).

Nach dem Krieg genoss der Bau als neu eröffneter Friedrichstadtpalast bald Kultstatus als bestes Revuetheater des Ostens. Legendäre Shows wie „Da lacht der Bär" und „Ein Kessel Buntes" wurden durch das DDR-Fernsehen im ganzen Land bekannt. Die beliebtesten DDR-Stars traten hier auf, etwa Heinz Quermann, Helga Hahnemann oder das Komikerduo Herricht & Preil. An diese Tradition schloss der neue Palast an, die Fernsehübertragungen wurden von hier aus fortgesetzt, wenn auch nun der große Saal des Palastes der Republik bei solchen Ereignissen zum Friedrichstadtpalast in Konkurrenz trat. (Auch dieser Saal wurde von Manfred Prasser gebaut.)

Die Schließung des alten Friedrichstadtpalastes 1980 stieß bei vielen Berlinern auf Unverständnis. Besonders wurde bemängelt, dass die Regierung den schon viele Jahre lang stark sanierungsbedürftigen Bau nicht frühzeitig gesichert hatte, um ihn zu retten. (Die Fundamente sackten allmählich weg; Künstler berichten heute noch mit Schaudern von armdicken Rissen in den Wänden.)

Der Unmut über diese Nachlässigkeit war so groß, dass man es erst fünf Jahre nach der Schließung des alten Palastes wagte, das historische Gebäude abzureißen. In der Zwischenzeit gastierte das Revue-Ensemble ausgerechnet in Brechts Berliner Ensemble am Schiffbauerdamm.

Berühmt war in der DDR auch das Damenballett des Friedrichstadtpalastes, das bei keiner großen Fernsehshow fehlen durfte. Nicht nur die bewundernswerte Präzision der Tänzerinnen wurde gelobt, sondern auch deren lange wohlgeformte Beine, die liebevoll-spöttisch als „das Schönste am Sozialismus" bezeichnet wurden.

In den Jahren nach der Wende hat die Popularität des Palastes sogar noch zugenommen. Er gilt als das größte Revuetheater Europas.

Reichstagufer 17
Ⓢ Ⓤ **Friedrich-
straße**

1961/1962

Tränenpalast
☎ (0 30) 20 61 00-0
www.traenenpalast.de

TRÄNENPALAST

Empfangsgebäude für den Transitverkehr

Nachdem die DDR-Führung im August 1961 die Berliner Mauer hatte bauen lassen, wurden 13 streng bewachte Übergänge zu West-Berlin eingerichtet. Dabei kam dem S- und U-Bahnhof Friedrichsstraße eine zentrale Bedeutung zu. Zwar lag der Bahnhof auf Ost-Berliner Territorium, doch hielten hier auch die West-Berliner S- und U-Bahnen und die „Interzonenzüge", die Berlin mit der BRD verbanden. Um den erwarteten Grenzverkehr zu bewältigen, wurde 1962 das „Empfangsgebäude für den Transitverkehr" gebaut. BRD-Bürger und West-Berliner konnten hier bald mit Pass oder Visum für Kurzbesuche nach Ost-Berlin ein- und ausreisen, nachdem sie die aufwändigen Pass- und Zollkontrollen hinter sich gebracht hatten. Bald wurde das Empfangsgebäude von den Berlinern „Tränenpalast" getauft, in Anspielung auf die Willkommens- und Abschiedsszenen, die sich vor dem Gebäude abspielten.

Die Halle mit den hohen Fenstern und dem angeschrägten Dach erinnerte ein wenig an eine Flughafenhalle. Der Abfertigungssaal war in mehrere schleusenartige Kammern aufgeteilt, in denen die Besucher von den DDR-Grenzbeamten kontrolliert wurden. Das äußerlich so transparent wirkende Gebäude war innen verschachtelt, aber von oben für Überwachungskameras überall einsehbar.

Nach der Wende begann das Objekt zu verfallen. Eine Veranstaltung mit Nina Hagen 1991 im Tränenpalast brachte den Unternehmer Ernst Marcus Herold auf die Idee, es in positiver Deutung als Haus der Grenzgänge und der kulturellen Begegnungen neu zu eröffnen. Er erreichte die Erhaltung des Gebäudes. Inzwischen gehört der Tränenpalast zu den etablierten Veranstaltungsorten der Kulturszene Berlins.

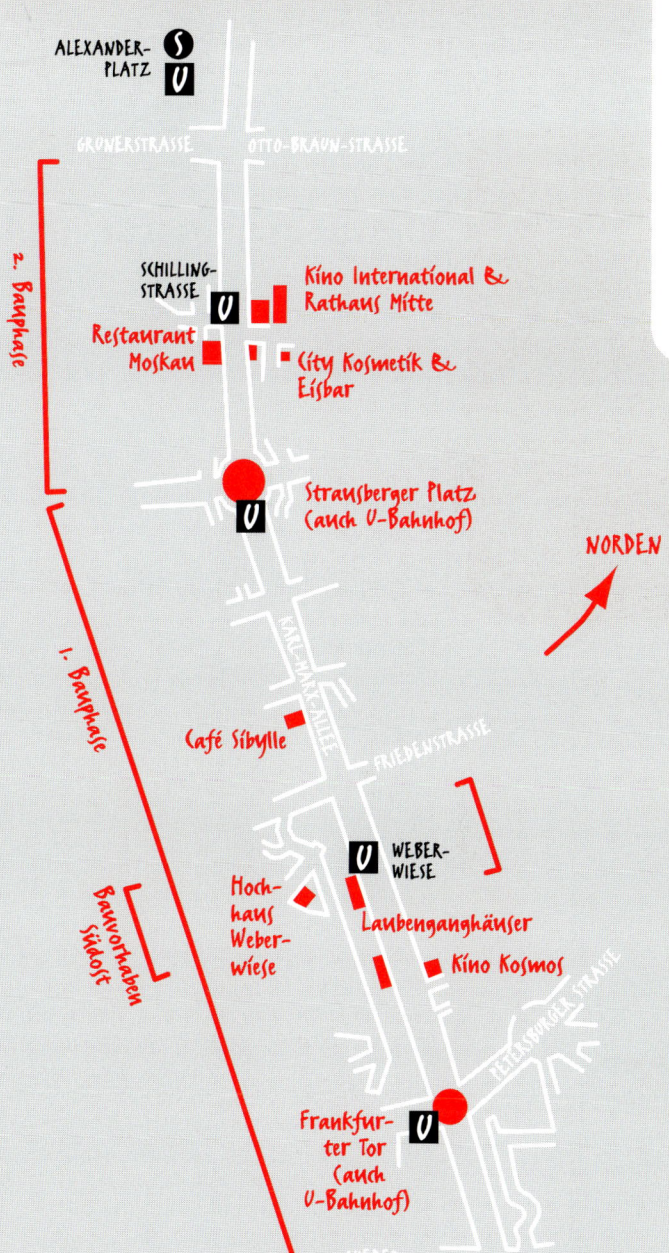

ALEXANDER-
PLATZ

S
U

GRUNERSTRASSE   OTTO-BRAUN-STRASSE

2. Bauphase

SCHILLING-
STRASSE

U

Kino International &
Rathaus Mitte

Restaurant
Moskau

City Kosmetik &
Eisbar

Strausberger Platz
(auch U-Bahnhof)

U

NORDEN

1. Bauphase

KARL-MARX-ALLEE

Café Sibylle

FRIEDENSTRASSE

Bauvorhaben
Südost

U

WEBER-
WIESE

Hoch-
haus
Weber-
wiese

Laubenganghäuser

Kino Kosmos

PETERSBURGER STRASSE

Frankfur-
ter Tor
(auch
U-Bahnhof)

U

NIEDER-
BARNINSTRASSE

KARL-MARX-ALLEE / FRANKFURTER ALLEE

1. Bauabschnitt Stalinallee

Die Karl-Marx-Allee wurde in zwei Bauphasen errichtet: Der zwischen 1949 und 1961 realisierte 1. Bauabschnitt beginnt am Strausberger Platz und endet an der Niederbarnimstraße. Dies ist die eigentliche Stalinallee: So hieß der Boulevard mit den Bauten im stalinistischen Zuckerbäckerstil bis 1961. Der zweite Bauabschnitt wurde zwischen 1959 und 1965 im modernen 60er-Jahre-Stil fertiggestellt (▸ S. 62).

Die ehemalige Stalinallee zieht sich schnurgerade etwa 2,2 km lang durch die Stadt. Mit ihren 90 m Breite übertrifft sie sogar die Pariser Champs-Elisées. Auf beiden Seiten wird sie von gewaltigen, bis zu neun Stockwerke hohen Wohnblöcken mit klassizistischen Schmuckelementen gesäumt.

Von der Kreuzung Niederbarnimstraße (hier heißt die Karl-Marx Allee schon wieder Frankfurter Allee) hat man den schönsten Blick auf die Prachtstraße. Besonders beeindruckend ist es, wenn man an einem wolkenlosen Abend von dort aus in Richtung Westen blickt: Die Sonne geht am anderen Ende der Allee neben dem Fernsehturm (▸ S. 20) unter, taucht die gesamte Straße in ein rötliches Licht und lässt die Fernsehturmkugel als mächtiges zweites Gestirn erscheinen. Das Schauspiel wird umrahmt von den Silhouetten der Frankfurter Türme. (▸ S. 58)

Der Bau dieses 1. Abschnitts der Allee wurde in der jungen DDR 1949–1953 als gigantisches Projekt des „Nationalen Wiederaufbaus" in Angriff genommen und 1960/61 mit dem Bau der Frankfurter Türme und dem Kino Kosmos (▸ S. 72) abgeschlossen. Die Straße war ein Geschenk an Stalin zum 70. Geburtstag. Sowjetische Vorbilder ähnlicher Projekte in Moskau und Kiew verbinden sich hier mit klassizistischen Architekturmerkmalen.

Eine gewaltige Aufbaukampagne warb um Helfer

im ganzen Land. Die Allee sollte ein Modell werden für die noch zu erbauende sozialistische deutsche Republik. Dazu gehörte auch, dass die Bauarbeiter selbst in die Häuser einziehen sollten. Die SED-Führung hielt ihr Versprechen. Noch heute wohnen hier zahlreiche Veteranen der Erbauungszeit.

Und die Arbeiter können immer noch stolz auf ihr Werk sein: Zusammen mit dem 2. Bauabschnitt ist diese Allee mit ihren fast 3 km Gesamtlänge das größte zusammenhängende Baudenkmal der Welt. Sie gilt außerdem als die letzte große Prachtstraße, die in Europa gebaut wurde.

Der bekannteste Architekt und Planer der Allee ist Hermann Henselmann. Von ihm stammen unter anderem die Frankfurter Türme. Aber auch zahlreiche andere große Baumeister haben mitgewirkt, wie Richard Paulick und Egon Hartmann. Einige distanzierten sich später von diesem Projekt. So auch Henselmann, der die Allee (wie der Förderverein Karl-Marx-Allee e. V. wissen will) im Rückblick „beschissen" fand, wohl vor allem wegen des verordneten historistischen Stils.

Die meisten Besucher teilen Henselmanns späte Meinung nicht. Und so ist es nicht verwunderlich, dass die Zuckerbäcker-Prachtbauten seit 1990 unter Denkmalschutz stehen. Die Straße gehört inzwischen zum Weltkulturerbe der UNESCO. In den späten 90er Jahren begann eine aufwändige Restaurierung der Gebäude, die noch nicht abgeschlossen ist.

Heute macht die Allee mitunter einen strengen Eindruck. Das war früher anders. Denn die Häuser waren so konzipiert, dass ihre zahlreichen Terrassen, Durchgänge und sogar die Dächer zu vielfältiger Nutzung einluden. Zu DDR-Zeiten fanden auf den Dächern und Terrassen oft Feste der Hausgemeinschaften statt. Heute müssen sie ungenutzt bleiben, denn nach bundesdeutschem Gesetz sind sämtliche Balustraden und Gatter um wenige Zentimeter zu niedrig. Der Denkmalschutz wiederum verbietet eine Erhöhung der Brüstungen.

Karl-Marx-Allee
102/104 und
126/128
Ⓤ Weberwiese

1950

Leitung
Hans Scharoun

Entwurf
Ludmilla
Herzenstein

Café Déjà Vu
Karl-Marx-Allee 104
10243 Berlin
So–Do 17–2 Uhr
Fr–Sa 17–3 Uhr

Laubenganghäuser

Déjà Vu – das Café im Erdgeschoss des Gebäudes der Karl-Marx-Allee 104 bringt es auf den Punkt: diese sachlichen Fassaden, diese geraden Linien, das helle Beige und dunkle Rot kennt man doch von irgendwo her. Ja – von der Bauhaus-Architektur der 20er Jahre. Schließlich sind hier gleich mehrere Merkmale dieser Epoche versammelt: die Loggien zur Allee hinaus tragen kein einziges Ornament, sie dienen zudem als Wohnungszugänge. Die viergeschossigen, lang gestreckten Gebäude sollten vor allem eines bieten: gleiche Wohnverhältnisse für alle Mieter des Hauses.

Die Loggien, auch Laubengänge genannt, hatten sich als preiswerte Alternative zum traditionellen Treppenhaus erwiesen: man verlegte die platzintensiven Hausflure im Inneren des Hauses einfach nach außen. Über zwei kleine Treppenhäuser gelangt man auf die schmalen Gänge, die wie Balkone an der ganzen Hausfront entlang laufen. Über diese Balkone sind dann eine lange Reihe von Wohnungen zu erreichen.

Die beiden Laubenganghäuser, die etwas zurückgesetzt zwischen den Prachtbauten an der Karl-Marx-Allee stehen, sind ein Produkt der unmittelbaren Nachkriegsjahre. Mit ihnen begann die von der sowjetischen Militärverwaltung eingesetzte „Planungskommission Groß-Berlin" das zerstörte Berlin wieder aufzubauen. Unter der Leitung des Architekten Hans Scharoun (1893–1972) sollten in kurzer Zeit und mit geringen Baukosten viele Wohnungen gebaut und zugleich die Stadtlandschaft neu strukturiert werden. Anstelle der tristen Mietskasernen mit den unzähligen dunklen Hinterhöfen, wie sie vor dem II. Weltkrieg hier standen, sollten im Bezirk Friedrichshain (jetzt Wohnzelle Friedrichshain

genannt) locker verteilte Laubengang- und Reihen-
häuser mit viel Grün dazwischen entstehen. Die
Wohnungen sollten klein, aber intelligent geschnitten sein. Die Konzepte des sozialen Wohnungsbaus,
des Neuen Bauens und der Gartenstadt aus den 20er
Jahren lieferten hierfür die Vorbilder.

Doch die 1949 an die Macht gekommene Führung
der jungen DDR, das Zentralkomitee (ZK) der SED
und das neu gegründete Ministerium für Aufbau
(MfA), hatten andere Pläne. Wenige Tage vor Grund-
steinlegung der Laubenganghäuser beschlossen sie
1950, dass die Allee nach sowjetischem Vorbild zu
einer Magistrale mit Repräsentationsbauten stalinis-
tischer Prägung ausgebaut werden sollte. „Verniedli-
chende Stadtrandsiedlungen" und „Wohnzellen
für Spießbürger", so bezeichnete Walter Ulbricht
die Häuser von Scharoun und seiner Mitarbeiterin
Ludmilla Herzenstein, waren nicht das, was er sich
unter einem Prachtboulevard für die Hauptstadt des
neuen Deutschlands vorstellte. So wurden nur noch
zwei der Laubenganghäuser und einige dazugehörige
zweigeschossige Zeilen (Gubener Straße 2a-e) fertiggestellt. Dann stoppte die SED dieses erste Aufbau-
projekt und versteckte die beiden ungeliebten Häuser
an der Stalinallee schamhaft hinter einer Reihe von
Pappeln.

Scharoun ging nach dieser deutlichen Absage an
seine städtebaulichen Visionen in den Westen (wo
er später in West-Berlin die Philharmonie und die
Staatsbibliothek errichten sollte), und eine von der
SED handverlesene Delegation von DDR-Architek-
ten in den Osten – nach Moskau, genauer gesagt,
zu einer städtebaulichen Studienreise. Die Gruppe
kam mit den „sechzehn Grundsätzen des Städtebaus"
zurück und bereitete unter diesen Direktiven bald die
Planungen für die Großbauten im sowjetisch-klassi-
zistischen Stil vor. (▸ S. 52, Hochhaus an der Weberwiese und ▸ S. 48, 1. Bauabschnitt der Stalinallee).

**Marchlewski-
straße 25
U Weberwiese**

1951–1952

Entwurf
Hermann
Henselmann
(Meisterwerk-
statt I der Deut-
schen Bauakade-
mie)

Hochhaus an der Weberwiese

Ein paar Meter südlich der Karl-Marx-Allee (1. Bauabschnitt, ▸ S. 48) steht auf Höhe des U-Bahnhofes
Weberwiese in der Marchlewskistraße das Hochhaus
an der Weberwiese. Der achtstöckige Stadtpalast
aus der frühen DDR beeindruckt nach wie vor als
gelungenes Beispiel für die Verbindung von klas-
sischer und moderner Architektur. Wegen seines
neuartigen Baustils wurde das Hochhaus das Symbol
für den Auftakt des Nationalen Aufbauprogramms
1951 in der DDR. Denn mit diesem Bau ließ sich die
Kampagne der neuen Regierung für den Neuaufbau
Berlins gut inszenieren: solche prächtigen Gebäude
mit französischen Fenstern und Müllschluckern sollten die Ost-Berliner nun bekommen – das war die
Botschaft an die Bevölkerung der DDR. Schließlich
brauchte man sie beim Projekt Stalinallee dringend
als Aufbauhelfer.

Andererseits sollte das Hochhaus auch den ästhetischen Umschwung in der Architektur an die
Öffentlichkeit tragen, den die SED nun forcierte.
Die DDR-Regierung hatte ein Ministerium für Aufbau (MfA) eingesetzt, wo Minister Lothar Bolz neue
Richtlinien für den Wiederaufbau durchsetzte. Für
die Stadtplaner und Architekten der DDR bedeutete
dies zunächst, dass sie sich von ihren modern-funk-
tionalen Ansätzen, wie sie mit den Laubenganghäusern (▸ S. 50) noch verwirklicht wurden, zu
verabschieden hatten. Die Abkehr von der deutschen
Moderne hin zum – nach SED-Verständnis wohl
noch deutscheren – Klassizismus sollte der Architekt
Hermann Henselmann (1905–1995) vollziehen. Dieser war eigentlich ein Modernist und Jünger des Architekten Le Corbusier. Er hatte nach dem Krieg das
Weimarer Bauhaus von Gropius wieder neu belebt

und war dann an Scharouns Institut für Bauwesen beschäftig gewesen. Nach öffentlichen Auseinandersetzungen schwenkte Henselmann schließlich auf die neue Parteilinie ein, und wurde 1951 Direktor des Instituts für Theorie und Geschichte der Architektur und Leiter der Meisterwerkstatt I an der neugegründeten Bauakademie – wo er nun nationale Bautraditionen für die DDR nutzbar machen sollte.

Noch im gleichen Jahr 1951 begannen die Bauarbeiten. Gleich über der Haustür des Hochhauses steht als Motto für den Wiederaufbau Berlins ein Brecht-Zitat: „Friede in unserem Lande/Friede in unserer Stadt/dass sie den gut behause/der sie gebauet hat". Der „Leuchtturm in Trümmern", so nannte Henselmann selbst das Hochhaus, wurde tatsächlich aus den Trümmern gebaut, die vor der Tür herumlagen und noch Stein für Stein gemauert. Die DDR-Propaganda hob hervor, dass das Hochhaus nach Schinkels Formgesetzen gestaltet war, und kürte es als erstes Beispiel für das „Bauen nach nationaler Tradition". Der Baumeister Karl Friedrich Schinkel (1781–1841) war als wichtigster Vertreter des Klassizismus in Berlin ein großes preußisches Vorbild. Es traf sich gut, dass sich gerade dessen 170. Geburtstag jährte.

Durch vier massige Säulen im Sockel gelangt man zu einem breiten Treppenaufgang. Die Fassade wirkt lebendig, da die Ecken verputzt sind und überdies leicht über den keramikverkleideten Mittelteil vorspringen. Ornamente mit Blumenmotiven geben dem massiven Gebäude eine angenehme Leichtigkeit. Das Hochhaus setzte dabei neue Maßstäbe für den modernen Wohnkomfort – mit Zentralheizung, fließendem Warmwasser, Hausbriefkästen, Klingelanlage, Telefonanschlüssen, Aufzug und gemeinsam nutzbarer Dachterrasse. Solche Neuerungen und weitere Details, die auch in dem umliegenden Wohnkomplex zu finden sind, wie Entrées, Reliefs, französische Fenster und Balkone, mussten damals den meisten Berlinern als reiner Luxus erscheinen.

U Strausberger
Platz

1950–1954

Entwurf
Egon Hartmann,
Hermann Hensel-
mann

**Gestaltung
Springbrunnen**
Fritz Kühn,
Heinz Graffunder

Strausberger Platz

Der Strausberger Platz schließt den 1. Bauabschnitt der Stalinallee nach Westen hin ab. Die Allee weitet sich hier zu einem großen Rondell, der Verkehr braust um einen Springbrunnen, dessen mittlere Säule 18 m hoch aufsprudelt. In zwei Halbkreisen wird das Rondell von Wohnblöcken eingefasst. Zum Zentrum hin schließt der Platz mit zwei Hochhäusern ab. Beide erinnern mit ihren 13 Stockwerken an New Yorker Miniatur-Wolkenkratzer.

Gebaut wurden sie 1954. Das Haus Berlin auf der Nordseite war einst ein gastronomisches Zentrum Ost-Berlins – mit Restaurant, Weinstube und einem riesigen Tanzsaal samt Bar im geräumigen Aufbau auf dem Dach. Nach der Wende hat sich für solch eine üppige Räumlichkeit kein Betreiber mehr gefunden. Der einst spektakulärste Tanzsaal Berlins existiert nicht mehr.

An der Frontseite des Hauses Berlin befindet sich ein Brechtzitat: „Als wir dann beschlossen,/ endlich unsrer Kraft zu trauen/ und ein schönres Land zu bauen,/ haben Kampf und Müh uns nicht verdrossen." Der Spruch zeugt vom Aufbau-Enthusiasmus in den ersten Jahren der DDR. Heute wird die westliche Hälfte des Erdgeschosses immer noch gastronomisch genutzt. Das Restaurant „Haus Berlin" knüpft an alte Traditionen an, wenn auch die moderne Innenausstattung wenig an die DDR-Zeit erinnert. In der anderen Hälfte des Erdgeschosses ist eine Filiale der HypoVereinsbank untergebracht.

Das Hochhaus auf der gegenüberliegenden Seite der Allee ist das Haus des Kindes. Hier kann man immer noch eine Gedenktafel sehen, die daran erinnert, dass der 1. Präsident der DDR, Wilhelm Pieck, das Haus am 18. Oktober 1954 feierlich eröffnet hat. Dieses Gebäude war ganz und gar den Kindern und ihren Bedürfnissen gewidmet. Es gab in den oberen Etagen (als Äquivalent zum Tanzsaal gegenüber) ein riesiges Kindercafé. Heute wird das Haus größtenteils als Wohngebäude genutzt.

Auch hier ziert die Westseite ein Zitat, das zu den interessantesten Zeugnissen des DDR-Literaturverständnisses jener Zeit gehört. Es stammt aus dem Schlussmonolog in Goethes Faust II: „Solch ein Gewimmel möcht ich sehn/ auf freiem Grund mit freiem Volke stehn." Mit dem Goethe-Zitat wird der Stolz über den errungenen Arbeiter- und Bauernstaat ausgedrückt. Gleichzeitig wird der Anspruch deutlich, an das humanistische deutsche Kulturerbe anzuknüpfen: Die DDR soll als die Erfüllung der Träume unserer Dichter und Denker erscheinen.

Die Rückseiten der Hochhäuser am Strausberger Platz sind bei der Sanierung in den späten 90er Jahren nicht miteinbezogen worden. Es handelt sich um geschickt versteckte Wohn-Anbauten. Hier ahnt man, in welchem Zustand sich die Straße vor der Sanierung befand.

Der Brunnen im Zentrum des Platzes kam erst 1967 hinzu und stammt von Fritz Kühn und Heinz Graffunder. Trotz seines Titels („Schwebender Ring") wirken die kreisförmig angeordneten Kupferblechtafeln wenig leicht und schwebend. Der Ring steht auf deutlich sichtbaren Stützpfeilern, die nicht geschickt genug hinter den vielen kleinen Wasserfontänen versteckt wurden. Zu DDR-Zeiten wurde der Brunnen abends farbig beleuchtet.

Vom Strausberger Platz aus hat man einen besonders guten Blick auf einige der wichtigsten Prestigebauten Ost-Berlins. An kaum einen anderem Ort feiert sich der Architekt Henselmann, der an der Planung des Platzes wesentlich beteiligt war, so pompös wie hier. Im Westen ragt sein Fernsehturm auf (▸ S. 20), im Osten stehen seine Frankfurter Türme (▸ S. 58) und im Norden die von ihm projektierten Hochhäuser des Leninplatzes (▸ S. 74). Kein Wunder, dass die Witwe des Architekten hier lebt.

Karl-Marx-Allee 72
Ⓤ Weberwiese

Café Sibylle

Ein alter Namenszug, ein Fahrradständer, eine schmucklose Theke hinter hohen Fenstern: Das **Café Sibylle** wirkt von außen recht unspektakulär. Dabei gehört es zu den geschichtsträchtigsten Restaurationen Ost-Berlins. Zu finden ist es im mittleren Teil der Karl-Marx-Allee, gelegen zwischen den Laubenganghäusern und dem Strausberger Platz.

Die Architekten des „Nationalen Aufbaus" steckten beim Bau der Stalinallee (später Karl-Marx-Allee) Anfang der 50er Jahre in einer Zwickmühle: Lustvoll und opulent, ja luxuriös durfte es schon zugehen im erträumten Sozialismus, nur durfte der Luxus keinesfalls verwechselbar sein mit bürgerlicher Dekadenz.

Wohl deswegen erhielt das Café ursprünglich den wenig einladenden Namen „Milchtrinkhalle". Trotzdem war die Halle von Anfang an sehr beliebt. Man versuchte eine bizarre Kombination aus Gemütlichkeit und sachlicher Strenge: die gewaltigen Fenster waren mit gutbürgerlichen Gardinen verhangen, dafür erinnerte eine blank polierte Bar mit Stahlgeländer an amerikanische Film-Ästhetik der 40er Jahre. An diesem Tresen hätte auch Humphrey Bogart ein Revuegirl zu einem Drink einladen können.

Einige Jahre später besann man sich dann doch auf einen zugkräftigeren Namen und entschied sich nun für „Milchtrinkbar".

1961 wurde das Stalindenkmal in der Nähe des Cafes gestürzt, und die Straße bekam den neuen Namen Karl-Marx-Allee. Zu dieser Zeit benannte sich auch die Milchtrinkbar in „Sibylle" um. Das Outfit wechselte ebenfalls. Die Gardinen blieben, durch vornehme lange Tischdecken und elegante weiße Stühle entstand ein eher großbürgerliches Ambiente. Das Aussehen änderte sich dann noch mehrmals; in den 80er Jahren war das Café in warmen rotbraunen

Café Sibylle
Karl-Marx-Allee 72
Tgl. 10–20 Uhr
☎ (0 30) 29 35 22 03

**Förderverein
Karl-Marx-Allee e. V.**
Karl-Marx-Allee 72
☎ (0 30) 29 33 37-0
www.kma-berlin.de

Tönen gehalten, damit harmonierten vornehme Holzmöbel.

Während der Sanierung des Hauses Ende der 90er Jahre schloss auch „Sibylle" und erstand als nüchternes, aber sehr angenehmes Café mit schlichten Holzstühlen und kleinen Tischchen wieder auf. Ein Teil der originalen Wandbemalung ist erhalten geblieben. Jetzt ist hier auch das Zentrum des Fördervereins Karl-Marx-Alle e. V. untergebracht. Eine kleine Ausstellung zeigt die Geschichte der Allee. In einer Ecke findet man Porträts und Lebensläufe der wichtigsten Architekten. Es sind auch originale Zeugnisse zu sehen, wie Plakate, Gebrauchsgegenstände und Spielzeug aus den 50er Jahren. Sogar ein Stück vom Schnurrbart des Stalin-Denkmals, das nach dem Sturz auf schnellstem Wege eingeschmolzen wurde, ist hier ausgestellt. Ein Bauarbeiter, der damals beim Abriss dabei war, hat es gerettet. Beim gezeigten Ohr vom gleichen Denkmal handelt es sich allerdings um eine Kopie, das Original ist kürzlich gestohlen worden.

Wer möchte, kann am Tresen eine Führung durch die Allee anmelden oder einfach Kontakt zu Experten aufnehmen.

Gleich nebenan befindet sich die **Karl-Marx-Buchhandlung**, ein Laden, der bereits 1953 seine Pforten öffnete. Auch hier ist noch der originale Schriftzug über der Tür zu sehen. In der Buchhandlung gibt es jede Menge Literatur zur Allee vom Bildband bis zum Taschenbuch, auch ein vom Förderverein Karl-Marx-Allee e. V. entworfenes Spiel mit dem Titel „Stalinallee" ist im Angebot. Auch Papp-Modelle von Plattenbauten zum Selberbasteln kann man hier kaufen. Angeschlossen an die Buchhandlung ist ein gut sortiertes Antiquariat mit Schwerpunkt DDR-Literatur. Die Inneneinrichtung ist bis heute unverändert geblieben. Früher nahm die Buchhandlung zwei Etagen ein. Heute betreibt sie nur noch das Erdgeschoss, während die obere Etage von der Architektenkammer genutzt wird.

Karl-Marx-Buchhandlung
Karl-Marx-Allee 73
Mo–Fr 10–19 Uhr
Do 10–19.30 Uhr
Sa 9–16 Uhr
☎ (0 30) 29 33 37-0

🚇 Frankfurter Tor

1952–1960

**Architekt
Frankfurter Türme**
Hermann
Henselmann

**Stiftung Denkmal-
schutz Berlin**
Frankfurter Tor 1
Info / Kuppelver-
mietung:
☎ (0 30) 42 01 67 80

Frankfurter Tor

Hier, wo die ehemalige Stalinallee die Warschauer Straße kreuzt, gelang den Ost-Berliner Stadtplanern unter Leitung von Hermann Henselmann eine imposante Platzgestaltung. In Richtung Alexanderplatz erheben sich die Frankfurter Türme, und gegenüber an der nordöstlichen Ecke steht das ehemalige Haus des Sports mit hohen Fenstern und dem Berliner Wappen unter dem Dach. Vier Eck-Ensembles fassen den Platz quadratisch ein. Sie werden von klassizistischen Säulengängen durchbrochen.

Die **Frankfurter Türme** wurden Ende der 50er Jahre gebaut. Auch hier hat der Architekt Henselmann, wie schon beim Hochhaus an der Weberwiese (▶ S. 52), eine Mischung aus Schinkelschen und neuartigen Stilelementen angestrebt. Auf viereckigen Wohntürmen erheben sich je zwei runde Aufsätze mit großen Fenstern. Die Kuppeln sind den beiden Dombauten am Gendarmenmarkt nachgebildet. Zu diesem Zeitpunkt war noch nicht sicher, ob die im Krieg stark beschädigten Domtürme je wieder rekonstruiert werden würden. Man versuchte also, ihnen hier ein Denkmal zu setzen.

Die Kuppeln sind nach der aufwändigen Sanierung 2000 von der Stiftung für Denkmalschutz Berlin angemietet worden. Im Nordturm hat die Stiftung ihre Büroräume. Die Spitze des Südturms dagegen wird für Veranstaltungen bzw. Führungen nach telefonischer Voranmeldung zur Verfügung gestellt.

Die Aufgänge erinnern in ihrer Schlichtheit an das Hochhaus an der Weberwiese: die weiß getünchten Wände blieben ohne jede Verzierung, eckige Wendeltreppen führen nach oben und lassen die Mitte des Turms frei. Von oben bieten die aus vielen kleinen Einzelscheiben zusammengesetzten Fenster einen überwältigenden Blick auf die Stadt.

Vom Turmzimmer aus hat man dann einen Rundblick über ganz Berlin. Über dem staunenden Besucher wölbt sich die klassizistische Kuppel, von der ein historistischer Metalllüster hängt, der – kaum sichtbar – mit Neonröhren bestückt ist. Auf der um den Turmaufbau laufenden Balustrade kann man die Aussicht auch bei frischer Luft genießen.

Das ehemalige **Haus des Sports** an der Nordostecke des Ensembles lässt sich ganz unkompliziert und ohne Voranmeldung besuchen. In dem Gebäude ist heute ein Second-Hand-Kaufhaus untergebracht. Die Räume wirken auf den verdutzten Kunden, als wäre die Zeit stehen geblieben.

Gleich im Eingangsbereich wird man mit einem riesigen Bild des Malers Gabriele Mucchi konfrontiert. „Holzfäller" heißt es und ist mit seinen düsteren Farben weder besonders schön, noch passt es besonders gut zum Sporthaus. Im Parterre sind immer noch die bizarren Neonlüster aus den Gründungstagen des Hauses zu sehen. Einige Röhren sind zwar ausgefallen, aber die Lampen werden immer noch benutzt. Eine Wendeltreppe mit schwarzen Steinstufen und elegantem Stahlgeländer führt zu den vier Stockwerken.

Wieder auf der Straße angelangt, fällt noch eine weitere Attraktion des Platzes auf: Alle vier Eckgebäude haben knapp unter dem Dach südländisch anmutende Außengänge. Deren zierliche Säulchen verleihen den Gebäuden einen Hauch von Renaissance-Architektur.

Die Leuchtreklame des Zierfischladens am Nordturm kennt wohl jeder Ost-Berliner. Die Fische mit den aufsteigenden Luftblasen erfreuen schon seit der Fertigstellung der Stalinallee abends die Vorübergehenden. Zum Kummer der Friedrichshainer waren die Restauratoren Ende der 90er Jahre nicht in der Lage, die elektronische Schaltung der blubbernden Luftblasen zu rekonstruieren. Der Laden existiert übrigens immer noch.

Humana-Kaufhaus
Frankfurter Tor 3
℡ (0 30) 4 22 20 18
Mo–Fr 10–9 Uhr
Sa 10–16 Uhr

U5
Club/Cocktailbar
Frankfurter Tor 9
℡ (0 172) 3 84 38 46
Der Club ist nach der U-Bahnlinie unter dem Frankfurter Tor benannt

U Weberwiese

Projektierung
Hans Scharoun,
Hermann Hensel-
mann (1.Bauphase)
VEB Berlin Projekt
(Leitung: Werner
Gieske, Günter
Kunert) (2.Bau-
phase)

JENSEITS DER STALINALLEE

Bauvorhaben Südost

Zum Nationalen Aufbauprogramm in Berlin gehörte ab 1949 auch die Bebauung hinter den Prachtbauten der Stalinallee. Im II. Weltkrieg waren viele Gebäude im dicht besiedelten Arbeiterviertel um die alte Frankfurter Allee zerstört worden. Hier musste möglichst schnell eine städtebauliche Lösung gefunden werden, die neue Häuser möglichst harmonisch in die erhaltene Bausubstanz integrierte.

Wer heute in den Straßen links und rechts der Karl-Marx-Allee auf der Höhe der Weberwiese spazieren geht, etwa durch den Weidenweg oder die Löwestraße, kann sich davon überzeugen, dass die Stadtplaner hier mit viel Phantasie am Werk waren.

Vier bis fünf Stockwerke hoch, herrschaftlich anmutend, mit Schnörkeln, Ornamenten und Balkonverzierungen ausgestattet, wurden die neuen Wohnblocks in den 50er Jahren zwischen die noch intakten Vorkriegsbauten gesetzt. Dadurch fällt ihr großzügiger Schnitt besonders auf. Mit ihren hohen Fenstern, ausladenden Fassaden und vor allem ihren zahlreichen Durchgängen wirken sie freundlicher als die Häuser der Kaiserzeit.

Besonders gelungen sind die Wohnbauten im Viertel zwischen Petersburger Straße, Weidenweg und Straßmannstraße. Hier fügen sich die Häuser teils zu ganzen Ensembles zusammen. Am spektakulärsten wirkt das **Auerdreieck** an der Ecke Sorgestraße/Auerstraße, wo ein geschlossener Komplex mit grünem Innenhof und Durchgängen in und zwischen den Häusern entstanden ist.

Diese Durchbrüche, oft mit klassizistischen Säulen gestützt, verlocken geradezu zum Durchschreiten. Sie sind typisch nicht nur für das Auerdreieck, sondern für viele Bauten dieses Stadtprojekts. Mann kann diese torähnlichen Aussparungen in den Häusern als eine echte, unverwechselbare Attraktion Ost-Berlins bezeichnen. Der Architekt Günter Kunert ließ sich von der Überlegung leiten, dass solche Verbindungen die Bewohner zur herzlicheren Kommunikation untereinander ermuntern könnten. Ältere Bewohner bestätigen, dass dieses Konzept tatsächlich aufgegangen ist. Hier bildeten sich schnell Hausgemeinschaften, ausgelassene Hof- und Straßenfeste waren keine Seltenheit, und der Umgang untereinander soll lockerer und ungezwungener gewesen sein als in anderen Stadtvierteln.

Auch die Innenausstattung der Wohnungen ließ nichts zu wünschen übrig. Der Standard übertraf stellenweise sogar noch den der Häuser in der Stalinallee.

Das Viertel auf der südlichen Seite der Karl-Marx-Allee, in der Marchlewskistraße und der Gubener Straße, wirkt auf den ersten Blick nicht so opulent wie die Nordseite. Auch hier finden sich ähnliche Häuser, an der Kreuzung Grünberger Straße/Gubener Straße sogar eines mit einem originellen Turmaufbau. Er wurde so platziert, dass er von der Grünberger Straße aus den Blick auf sich lenkt, während er sich aus der Nähe als unspektakuläre Spielerei entpuppt.

Das Hochhaus an der Weberwiese findet sich hier (▶ S. 52), aber man stößt auch auf flache, sehr schlichte Wohnblöcke mit Holzverkleidungen an den Giebeln. Das sind zusammen mit den Laubenganghäusern in der Karl-Marx-Allee die Reste des 1949 von Hans Scharoun geplanten Wohnviertels nach dem Vorbild ähnlicher Anlagen der 20er Jahre (▶ S. 50). Beeindruckend sind auch die dem Hochhaus an der Weberwiese gegenüber liegenden Wohnbauten an der Marchlewskistraße. Sie stammen vom VEB Berlin Projekt und wurden kürzlich restauriert. Man staunt über die verschwenderischen Wandreliefs und die raffiniert durchbrochenen Fassaden. Besonders reizvoll sind auch die französischen Fenster, die bis zum Boden reichen – in Berlin eine Rarität.

Strausberger Platz
bis Alexanderplatz
sowie die dahinter
liegenden Wohn-
gebiete Berolina-
straße und Schil-
lingstraße

Ⓢ Ⓤ Alexan-
derplatz
Ⓤ Schillingstraße
Ⓤ Strausberger
Platz

1959–1965

Städtebau
Edmund Collein,
Werner Dutschke

Hochbauten
Josef Kaiser

KARL-MARX-ALLEE

2. Bauabschnitt

Rechts und links zehnstöckige Plattenbauten mit bunten Balkonen und feinen Zierleisten auf den Kacheln, dazwischen Grünflächen und eine achtspurige Magistrale: gepflegt, aber eintönig – das hier könnte auch irgendeine Siedlung am Rande der Stadt sein. Doch die Wohnblöcke sind historische Marksteine: hier wurde die neu entwickelte Plattenbauweise erstmalig im großen Stil für den Wohnungsneubau der DDR erprobt und anschließend in Serie geschickt.

Im II. Weltkrieg wurden in dem Bereich der heutigen Karl-Marx-Allee weit mehr als 50 % der Gebäude zerstört. Nachdem die Trümmer beseitigt waren und mit großem Aufwand von 1952–1958 der erste Teil der Stalinallee (Karl-Marx-Allee, 1. Bauabschnitt ▸ S. 48) gebaut worden war, kam Anfang der 60er Jahre die noch verbliebene, 750 m lange Lücke zwischen Strausberger Platz und Alexanderplatz an die Reihe. Die Straße sollte damit endlich wieder an das Zentrum angeschlossen werden, das ebenfalls noch seiner Wiederbelebung harrte.

Zwischen den Planungen für den 1. Bauabschnitt und dem Beginn des 2. Bauabschnitts hatte der sozialistische Städtebau der DDR allerdings einen Umschwung in Richtung Moderne vollzogen, wie sie seit den 20er Jahren von international bekannten Architekten wie Mies van der Rohe, Gropius und Le Corbusier vertreten wurde. Glas und Stahl waren ihre neuen Materialien, mit denen nun auch in der DDR funktionale Gebäude für weitläufige Siedlungen entstanden. Die Architektur des nationalen Erbes, wie man sie mit den historistischen Monumentalbauten des ersten Abschnitts im Sinn hatte, gehörte jetzt einer vergangenen Epoche an.

1959 ging es auch darum, im Wettbewerb mit West-Berlin eine städtebauliche Antwort auf das

ein Jahr zuvor dort fertiggestellte Hansa-Viertel zu geben. Wer baut moderner, schöner und menschen-freundlicher? Als Trumpfkarte in diesem Spiel sollte in der Karl-Marx-Allee nun die erste innerstädtische Wohnanlage in der brandneuen kostengünstigen Plattenbauweise entstehen. Mit dem ersten Teil der Stalinallee durfte sie jedoch dabei ästhetisch nicht allzu hart brechen. Der Entwurfsauftrag ging an die Städtebauer Edmund Collein und Werner Dutschke. Ihre acht- und zehngeschossigen Wohnblocks aus Betonfertigteilen wurden auf Wunsch von Ulbricht mit hellen pastellfarbenen Kacheln überzogen, die sparsam mit feinen Borten verziert waren.

Während die vorzüglich ausgestatteten Wohnun-gen im 1. Bauabschnitt noch an verdiente Arbeiter und Aufbauhelfer verlost worden waren, brauchte man nun sehr gute Beziehungen, um eine Neubau-wohnung an der Berolinastraße beziehen können. Und dass, obwohl der Standard in den Wohnungen schon nicht mehr so hoch wie bei den ersten „Arbei-terpalästen" in der Stalinallee war.

Da die Kräne in der frühen Phase des Plattenbaus nur in geraden Bahnen fahren konnten, entstan-den hier die typischen geraden Zeilenbauten. Der Abstand zwischen den Wohnblocks, die die Allee flankieren, wirkt bei weitem zu groß (120 m gegen-über 70-90 m im 1. Bauabschnitt), um städtische Geschlossenheit herzustellen. Um dem entgegenzu-wirken, wurden erstmals in der DDR repräsentative Verkaufspavillons vor die Wohnbauten gesetzt. In den 60er Jahren waren darin noch die Autos und Pelze des „Wirtschaftswunders Ost" zur Schau gestellt. Später wurde das Angebot knapper, und nur noch die erstklassige Innenausstattung der verglasten Pa-villons erinnerte an die Träume der frühen DDR.

Der weitläufige Raum zwischen den Wohnblocks der Allee eignete sich jedoch bestens für die zahl-reichen Großveranstaltungen der Partei: hier war genug Platz für Kundgebungen, Militärparaden und Demonstrationen.

Karl-Marx-Allee 33
U Schillingstraße

1961–1963

Architekten
Josef Kaiser,
Heinz Aust u.a.

Kino International
☎ (0 30) 24 75 60 11
www.yorck-kino.de

Kino International

Vorn scharfkantig in rechten Winkeln geschnitten, an der Seite sanft geschwungen – so ragt das International wie ein Schiff in die Karl-Marx-Allee hinein. Das Gebäude mit der großflächig verglasten ersten Etage auf der Nordseite der Allee scheint magische Anziehungskraft zu besitzen: schon bei seiner Eröffnung im Jahre 1963 wurde das Kino als eines der repräsentativsten Nachkriegsgebäude des neuen, modernen Ost-Berlins gefeiert, als feinstes Stück sozialistischer Architektur und Höhepunkt der Karl-Marx-Allee. So wundert es kaum, dass hier die Uraufführungen der Deutschen Film AG (DEFA) der DDR gezeigt wurden. Hier trafen sich die Größen der Ost-Filmbranche mit Prominenten und Funktionären an der Bar im Foyer oder zogen sich in einen versteckten Nebenraum zurück, der bis heute „Honecker-Lounge" genannt wird.

Auch nach der Wende steht das Kino mit dem strengen Schick der sozialistischen Moderne hoch in Kurs. Mittlerweile wurde der Kinosaal technisch auf den neuesten Stand gebracht. Hin und wieder bespielt nun auch die Berliner Clubwelt das Foyer im Obergeschoss.

Mit seiner leicht aufstrebenden und weit über den Sockel vorspringenden Front scheint die obere Etage wie eine Skulptur über dem Gehsteig zu schweben. Die Seitenwände des oberen Baukörpers wurden von Waldemar Grzimek und Hermann Schievelbein mit Strukturreliefs gestaltet. In phantasievollen Variationen sieht man hier Szenen aus einem sorglosen Arbeiter- und Bauernleben: Freizeit, Theater, Familie, Handwerk, Verkehr, Wissenschaft und Technik. Betritt man das Kino durch den verglasten

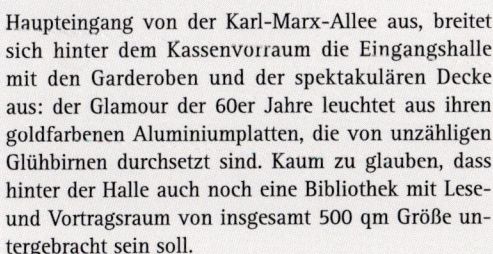

Haupteingang von der Karl-Marx-Allee aus, breitet sich hinter dem Kassenvorraum die Eingangshalle mit den Garderoben und der spektakulären Decke aus: der Glamour der 60er Jahre leuchtet aus ihren goldfarbenen Aluminiumplatten, die von unzähligen Glühbirnen durchsetzt sind. Kaum zu glauben, dass hinter der Halle auch noch eine Bibliothek mit Lese- und Vortragsraum von insgesamt 500 qm Größe untergebracht sein soll.

Zwei großzügige Treppen führen nach oben ins Foyer. Mit einer weiten Glasfassade öffnet es sich auf die Karl-Marx-Allee und lässt die Szenerie vom Strausberger Platz bis zum Alexanderplatz überblicken. Im Abendlicht erstrahlt gegenüber das Restaurant Moskau. (▸ S. 70) Einige großzügig angeordnete Sitzgruppen, holzverkleidete Wände, zylinderförmige Deckenleuchter und eine Bar könnten jetzt den Kinobesuch im letzten Moment noch aufschieben. Man sollte also ruhig etwas früher kommen.

Doch auch im Kinosaal, der an die 600 Besucher fasst, gibt es bemerkenswerte Details: wie man von außen bereits erahnt, nimmt der Saal einen leicht abfallenden Schwung zur Leinwand hin. Und nachdem sich der Vorhang aus golden schillernden Pailletten rauschend geteilt hat, sollte man, bevor es dunkel wird, den Blick noch einmal zur wellenförmig abgehängten Decke wenden, die der Architekt des Kinos, Josef Kaiser, einen „fliegenden Stuckteppich" nannte.

Karl-Marx-Allee 31
U Schillingstraße

1961–1964

Architekten
Josef Kaiser u.a.

RATHAUS MITTE

Hotel Berolina

Von den Treppen des U-Bahnhofes Schillingstraße aus ist zwischen den Bäumen schon eine blaue Ecke des Kolosses zu sehen. Denn Tausende von blauen Kacheln überziehen das 14-geschossige Hochhaus des Rathauses Mitte mit einer schönen, glatten Haut. Hinter dem Kino International (▸ S. 64) an der Nordseite der Karl-Marx-Allee gelegen und damit von der Straße etwas entfernt, ist es kein Gebäude, das den öffentlichen Raum beherrscht. Genau hier stand das Hotel Berolina – und es sah auch fast genau so aus. Mit der für damalige Verhältnisse gewaltigen Kapazität von 420 Betten und seiner vielseitigen Verwendbarkeit war das Berolina das erste moderne Großhotel nach 1945 in Ost-Berlin.

Obwohl das Haus gleich nach der Wende im Jahr 1990 renoviert worden war, wurde es 1996/97 nahezu vollständig abgerissen und wenig später leicht verändert wieder aufgebaut: die vielen kleinen Zimmerchen des Hotels waren für die neuen Ansprüche nicht groß genug. Und unglücklicherweise war die Zimmergröße durch die Konstruktion des Gebäudes festgelegt. Ohne ernsthafte Statikprobleme konnte hier also nicht umgebaut werden. Da es jedoch bereits unter Denkmalschutz stand, durfte das Haus eigentlich nicht abgerissen werden. Dies geschah dann nur unter der Bedingung, dass am gleichen Ort ein sehr ähnliches Gebäude neu errichtet werden musste. Es ist lediglich ein wenig schmaler und eine Etage höher geworden.

Das Hotel wurde zusammen mit dem Kino International nach dem Entwurf von Josef Kaiser

(1910–1991) und anderen zwischen 1961 und 1964 errichtet. Die ersten drei Geschosse mit zwei Restaurants, einer großen verglasten Hotelhalle und Konferenzräumen waren wie heute mit Travertin verkleidet. Darüber stapelten sich zehn Bettengeschosse, die sich angesichts der gerade erst entwickelten Plattenbauweise schon recht weit in die Höhe wagten. Um diese Errungenschaft zu würdigen, gab es im obersten Stock ein Café, von dem man die frisch asphaltierte Karl-Marx-Allee überblicken konnte.

Das Hotel scheint mit dem Kino International zunächst kein Ensemble zu bilden, da das Berolina etwas versteckt hinter dem Kino steht. Doch anders betrachtet – am besten von der Schillingstraße aus – macht die Anordnung Sinn: Hotel und Kino stehen nicht deckungsgleich, sondern ein gutes Stück versetzt zueinander, so dass die Zufahrt zum Hotel von der Karl-Marx-Allee aus einsehbar war. Dafür blieb das Hotel vom Durchgangsverkehr der großen Straße weitgehend verschont. Außerdem waren die U-Bahn (der Strecke E, heute U5) und ein paar der ersten Adressen der Stadt buchstäblich vor der Tür – das Kino International (▸ S. 64), die Mocca-Milch-Eisbar (▸ S. 69) und natürlich das Restaurant Moskau (▸ S. 70) gegenüber.

Rathaus Mitte, Bibliothek
Mo–Fr 8–18 Uhr
((0 30) 20 09-2 31 55

Weydemeyer-
straße 1
U Schillingstraße

1963

Architekt
Lindemann

**Elegante Haarmode
GmbH**
Damen Schnitt 25,80 €
Herren Schnitt 15,50 €
Mo–Fr 7–20 Uhr
Sa 7–14 Uhr
☎ (0 30) 2 47 85 55

Friseursalon City Kosmetik

Etwas versteckt zwischen Bäumen und Sträuchern liegt in der zweiten Reihe der Karl-Marx-Allee schräg hinter der Mocca-Milch-Eisbar der Friseursalon City Kosmetik. Rundherum stehen sanierte Plattenbauwohnblocks aus dem 2. Bauabschnitt der Karl-Marx-Allee (▶ S. 62). Das Viertel wirkt fast wie eine gepflegte Seniorenresidenz. Tatsächlich wohnen viele der Erstmieter von 1963 noch heute hier – und lassen sich wie eh und je im Friseursalon City Kosmetik frisieren. Der einstöckige, verglaste Pavillon ist äußerlich kaum verändert worden. Auch der schwungvolle Schriftzug auf dem Dach stammt aus DDR-Zeiten.

So gehört der Salon zu den wenigen DDR-Einrichtungen, die die Wende fast unbeschadet überlebt haben. Die Produktionsgenossenschaft Elegante Haarmode bezog 1963 als eine der ersten Einrichtungen den Flachbau in der Weydemeyerstraße. Bei der Konstruktion des Glaskastens hatte man sich noch hohe Qualität geleistet: das bedeutete damals vor allem einen Lastenaufzug und einen, so die damalige Mitarbeiterin und heutige Inhaberin Frau Krawiec, atombombensicheren Keller. Denn in der Hochphase des Kalten Kriegs musste man schließlich mit allem rechnen. Bis in die 80er Jahre genoss der Salon seine exquisite Lage hinter den Verkaufspavillons in der Karl-Marx-Allee. Vor allem die gehobene Arbeiterklasse Ost-Berlins und die in der Gegend ansässigen Akademikerinnen und Akademiker mit guten Positionen in Partei und Außenhandel trafen sich hier zum Haare schneiden. Der erste „Großraumsalon" Ost-Berlins hält nun so gut es geht an seinem Profil fest: Leitung und Organisation, Schriftzüge und Teile des Mobiliars, selbst die Kunden sind die gleichen geblieben.

Mocca-Milch-Eisbar

Karl-Marx-Allee 35
🇺 Schillingstraße

ca. 1960

Architekten
Josef Kaiser u.a.

Karl-Marx-Allee 35 – vor dem 2-stöckigen Flachbau mit den gelben und blauen Kacheln werden schon bei den ersten Sonnenstrahlen im Frühjahr die Tische und Stühle heraus gestellt. Und das war schon in den 60er und 70er Jahren so, als hier die Mocca-Milch-Eisbar, unter Insidern MMEB genannt, untergebracht war. In dem Lokal gab es nicht nur leckere Eisbecher - hier trafen sich auch regelmäßig junge Leute aus der Musikszene, darunter Nina Hagen, Bettina Wegner und die Söhne Robert Havemanns. Die Stasi hatte bald ein Auge auf sie geworfen und berichtete von den Treffen unter dem Titel „Operativer Vorgang Diskussionsklub". 1970 landete die Band „Team 4" mit einer Hymne auf die Bar gar einen Hit: „In der Mocca-Milch-Eisbar ist es passiert".

Wie bei fast allen Repräsentationsgebäuden des 2. Bauabschnitts der Karl-Marx-Allee besteht auch hier die Front vor allem aus großen Glasflächen. Auch wenn die damals größte Eisbar Berlins sich äußerlich fast noch im Originalzustand befindet, ist ihr legendäres Flair heute nur noch zu erahnen. Denn innen wurde sie fast völlig umgestaltet. Heute teilen sich drei Lokale das Gebäude. Die Anhänger von Albert Einstein haben im Albert's den westlichen Flügel mit dunklem Holz und einer Riesenbüste des Übervaters vollgestopft. Hier ist von der bunten Welt der Eisbecher und Milchshakes und von dem 60er-Jahre-Interieur nichts mehr übrig. Im Hintertrakt hat sich der afrikanische Musikclub Lumumba eingemietet.

Nur vorne rechts gibt's wie eh und je Eis. Heute allerdings von Eis-Hennig, einem West-Berliner Speiseeis-Imperium. Die Filiale gibt sich modern als Schnelleisrestaurant, im Erdgeschoss und auf der Treppe findet man aber immerhin noch den originalen Kachelboden.

Eis-Hennig
Sommer Mo–Fr 8–24 Uhr
Sa/So 8.30–24 Uhr
Winter Mo–So 9–21 Uhr
📞 (0 30) 2 47 84 44
www.eis-hennig.de

Lumumba
Tanzcafé und Bar
Di–Do, So ab 21 Uhr
Fr/Sa ab 23 Uhr
Eintritt 3 €
📞 (0 162) 6 57 46 27

Albert's/A-Lounge
Mo–Fr 9–open end
Sa–So 10–open end

Karl-Marx-Allee 34
U Schillingstraße

1961–1964

Entwurf
Josef Kaiser,
Bert Heller
(Wandmosaik),
Fritz Kühn
(Springbrunnen)

Restaurant Moskau

Immer noch lockt der alte Schriftzug „Restaurant Moskau" auf russisch und deutsch in den aparten Flachbau an der Einmündung der Schillingstraße in die Karl-Marx-Allee. Doch das Moskau gehört derzeit zu den traurigsten Beispielen für den geduldeten Verfall der Architektur-Moderne in Ost-Berlin.

Außer dem gelb gekachelten Beton im Erdgeschoss und den freiliegenden Stahlträgern scheint der zweigeschossige Pavillon ganz aus Licht und Glas zu bestehen. Durch die großen Fenster im Erdgeschoss lässt sich schemenhaft edles Interieur ausmachen – Marmorfußböden, Spiegel, Leuchter. Es sind die letzten Zeugnisse aus der alten Zeit des Moskau.

Das Moskau wurde als Teil des Ensembles aus Kino International, Hotel Berolina, der Mocca-Milch-Eisbar und den umliegenden Ladenlokalen von Josef Kaiser entworfen, und von insgesamt 60 Architekten, Ingenieuren, Innenraum- und Textilgestaltern eingerichtet. Wie das International, die Eisbar oder der Palast der Republik gehörte das Moskau zu den sogenannten DDR-Sonderbauten, die für gesellschaftliche oder politische Zwecke gedacht waren und außerhalb des typisierten Wohnungsbaus entwickelt wurden.

Das Atriumhaus wird von einer Stahlkonstruktion getragen und ist hier und dort ergänzt durch Beton- und Mauerwerk. Ebenfalls aus Beton gegossen sind verschiedene Verzierungselemente und der Zaun um den Rosengarten mit dem Springbrunnen hinterm Haus. Von hier aus kann man durch die Scheiben auch einen kleinen Innenhof erkennen, geschmückt von einer Skulptur, einer Nirosta-Facettenkugel von Fritz Kühn, der auch den Springbrunnen hinterm Haus und den am Strausberger Platz gebaut hat.

Doch die Zeiten sind vorbei, da es im größten Re-

staurant der Hauptstadt der DDR das Edelste an Speisen gab, das im Staate zu haben war. Damals gab es hier ein Spezialitätenrestaurant, eine Wein-, eine Tee- und eine Mokkastube, eine Nachtbar, ein Tanzcafé, ein Grusinisches Zimmer, die Salons Minsk, Riga und Tallinn, außerdem Ausstellungs- und Verkaufsräume für sowjetische Kunstgewerbeartikel. Insgesamt brachte es das Moskau auf 600 Sitzplätze. Für die musste man allerdings in der Schlange anstehen, bis man von einem der zahlreichen Kellner zu einem Platz geführt wurde. Jede der drei Etagen hatte eine eigene Großküche – weiträumige, gefliese Kochsäle mit erstklassiger Ausstattung.

Wie sein Name schon sagt, war das Moskau eine Hommage an den großen Bruder Sowjetunion. Fortschritt und Volkstümlichkeit dieses Landes wurden hier kunstvoll in Symbole verpackt. So wurde in 10 m Höhe auf dem Dachfirst des Moskau eine plastische Nachbildung des ersten Sputnik-Satelliten im Maßstab 1:1 installiert. Inzwischen haben jedoch auch diesen Satellit die Kräfte verlassen – seine Antennenstäbe hängen matt herunter. Der Weißenseer Kunstprofessor Bert Heller (1912–1970) hauchte dem Bauwerk dazu noch ein wenig fremdländische Folklore ein. Sein Mosaik rechts neben dem Eingang glorifiziert „das Leben der Völker der Sowjetunion" – ein Gemälde im Stil der Bauernmalerei, gesetzt aus pastellfarbenen Natursteinchen und bunten Glas- und Keramiksplittern. Nach der Wende verpachtete die Treuhand das Haus an die Gesellschaft, die es heute noch betreibt und das Gebäude zunächst im alten Stil weiterführen wollte. Doch der Betrieb mit den 160 Beschäftigten, davon allein zwölf Garderobieren, hatte auf dem freien Markt keine Chance. Das Restaurant wurde 1995 endgültig geschlossen. Da wurde das Haus endlich unter Denkmalschutz gestellt. Inzwischen versuchen neue Liebhaber aus der Club-, Architektur- und Filmszene das Moskau am Leben zu erhalten. Momentan veranstaltet der Techno-Club WMF hier Konzerte und Parties.

WMF-Club
www.wmfclub.de

Karl-Marx-
Allee 131a
🅤 Weberwiese

1961/1962

Architekten
Josef Kaiser,
Herbert Aust,
Günter Kunert

Kosmos Ufa-Palast
Tgl. 14–23 Uhr
☎ (0 30) 4 22 01-60 Info
☎ (0 30) 4 22 84-0 Karten

Platzzahl füher:
1001 Sitze
Nach dem Umbau:
ca. 3400 Sitze, 10 Säle

KOSMOS UFA-PALAST

Filmtheater Kosmos

Das Kosmos gehörte zu den beliebtesten Filmthea-
tern Ost-Berlins. Josef Kaiser entwarf ein elliptisches
Rondell mit Keramikhülle, das von einem flachen,
gläsernen Foyer eingefasst wird. Der Foyer-Bau ist
von weiß legierten Ziegeln eingerahmt, die dezent
durch wenige bunte Farbsteine aufgelockert werden.

Obwohl es räumlich im früheren 1. Bauabschitt
der Stalinallee zu finden ist, gehört das 1961/62 erbaute Lichtspielhaus zur 2. Bauphase der Allee und
ähnelt stilistisch eher Gebäuden wie dem Kino International oder der Mocca-Milch-Eisbar. So schlicht es
neben den pompösen Wohngebäuden des 1. Bauabschnitts wirkt, war es doch durchaus als Repräsentationsbau gedacht. Das Kino Kosmos hatte sogar mehr
Plätze als das International, nämlich genau 1001.
Vielleicht handelt es sich dabei, in Anspielung auf
die orientalischen 1001 Nächte, um einen versteckten
Hinweis auf das Medium Kino als Traumfabrik. Tatsächlich war das Kosmos aber vor allem ein Tempel
des nicht immer traumhaften sozialistischen Kinore-
alismus. Monatlich trafen sich hier Jugendliche mit
DDR-Schauspielern und Regisseuren zu Gesprächen,
die die Distanz zwischen bewunderten „Kulturschaf-
fenden" und ihren Fans verringern sollten. Auch das
als Höhepunkt verordnete „Festival des sowjetischen
Kinofilms" wurde hier alljährlich begangen. Anders
als heute fanden die wichtigsten Premieren nicht im
International, sondern hier im Kosmos statt.

Die Neugestaltung von 1998 kann als Musterbei-
spiel behutsamer Modernisierung gelten. Die äußere
Struktur des Kinos und der denkmalgeschützte große
Saal mit seiner opulenten 60er-Jahre-Ausstattung
wurden dabei kaum verändert. Zusätzliche Vorführ-
räume wurden unterirdisch angelegt, damit sie das
Rondell des Originalgebäudes nicht verdecken.

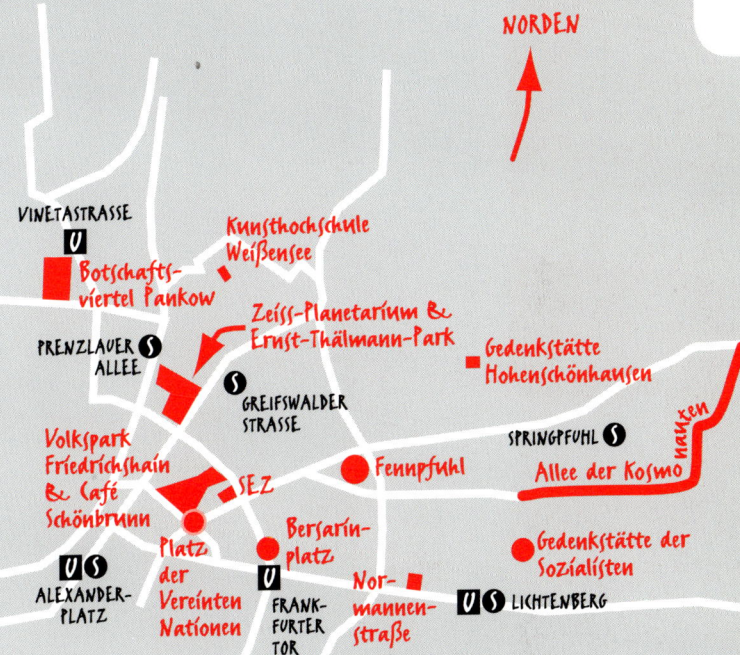

NORDEN

VINETASTRASSE

Ⓤ

Botschafts-
viertel Pankow

Kunsthochschule
Weißensee

Zeiss-Planetarium &
Ernst-Thälmann-Park

PRENZLAUER **Ⓢ**
ALLEE

Gedenkstätte
Hohenschönhausen

Ⓢ

GREIFSWALDER
STRASSE

SPRINGPFUHL **Ⓢ**

Allee der Kosmo

nauten

Volkspark
Friedrichshain
& Café
Schönbrunn

Fennpfuhl

SEZ

Bersarin-
platz

Gedenkstätte der
Sozialisten

ⓊⓈ

Platz
der
Vereinten
Nationen

Ⓤ

Nor-
mannen-
straße

ⓊⓈ LICHTENBERG

ALEXANDER-
PLATZ

FRANK-
FURTER
TOR

Tram 5, 6, 7, 8
Platz der Vereinten
Nationen

1968–1970

Entwurf
Hermann Henselmann

Bauleitung
Heinz Mehlan

PLATZ DER VEREINTEN NATIONEN

Leninplatz

1970 wurde am Leninplatz mit 25 Stockwerken das bis dahin höchste Wohnhaus Ost-Berlins fertig gestellt. Auch heute noch fühlt man sich wie eine Ameise, wenn man sich in seinem Schatten auf dem Platz bewegt: Der riesige Leninplatz scheint in erster Linie für Autos gemacht zu sein. Und für Riesen wie den 19 m großen Lenin, der zu DDR-Zeiten von einem Sockel in der Mitte des Platzes aus den Verkehr überragte.

Der Platz ist ein Beispiel dafür, wie man sich in der DDR die Verbindung von typisiertem Wohnungsbau und bildender Kunst vorstellte: das Hochhaus und die Plattenbauten um den Platz herum wurden als wohlgeformte Skulpturen gefeiert, die das Denkmal in ihrer Mitte erst zur eigentlichen Geltung brächten. Doch statt ein Gefühl städtischer Geborgenheit zu vermitteln, überwältigt der Leninplatz den Besucher mit einer riesigen freien Fläche und schwindelnden Höhen. Auch der Alexanderplatz und andere Plätze des sozialistischen Städtebaus funktionieren nach diesem Prinzip. Wie übergroße S-Buchstaben sind die langgezogenen 11-geschossigen Bauten, die den Platz an seiner West- und Ostseite säumen, in sich gekrümmt. Mit Hilfe von angeschrägten Sonderteilen, die mit geraden Bauteilen der Wohnungsbauserie „P2 Berlin" kombiniert wurden, gelang es hier erstmals, bei Typenbauten eine solche Schwingung herzustellen.

Die Wohnhäuser rund um den Leninplatz boten in 1280 Wohnungen Platz für ca. 4000 Menschen. Zusätzlich wurde eine Schule, eine Kinderkrippe, ein Kindergarten, ein Postamt und eine Kaufhalle gebaut. Beherrscht wird das Ensemble allerdings von dem Wohnhochhaus, dessen drei zusammenhängende Türme 17, 21 und 24 Geschosse haben und den

Platz mit einem Halbrund abschließen. Diese architektonische Gestaltung galt damals als „städtebaulich bewegte Form". In diesem Sinne wurden auch die Fassaden der langgezogenen Elfgeschosser besonders plastisch gestaltet. Tatsächlich lässt die unregelmäßige Anordnung der Loggien die Wohnhäuser sehr lebendig erscheinen.

Ungefähr da, wo heute die Grünfläche vor dem Hochhaus beginnt, stand früher das **Lenin-Denkmal**. Der Koloss war so postiert, dass er von jedem Punkt des Platzes und von den einmündenden Straßen aus gut sichtbar sein sollte. Allerdings hatte die Kaufhalle von Günter Boy gegenüber den weitaus besseren Standort abbekommen: zum Ärger der Planer war es nun statt des Denkmals die freistehende Kaufhalle, die sofort ins Auge fiel.

Nach monatelangen Protesten begann man am 13. November 1991 das Denkmal abzutragen. Die Demontage des Kopfes war ein symbolisch einschneidendes Ereignis und gab dem Film „Good Bye, Lenin" seinen Titel. Letztlich kostete es 500 000 DM, die ganze Statue zu entfernen. Seitdem liegt der zerstückelte Lenin nun in den Seddinbergen in Brandenburg vergraben und wird durch das dortige Forstamt vor gierigen Souvenirjägern bewacht.

Die Wohnhäuser am Platz der Vereinten Nationen, wie der Platz heute heißt, sind inzwischen renoviert worden. Aber einige Details aus der DDR-Zeit kann man noch finden. Wer die Gebäude betreten will, muss sich aber zunächst mit einer hochkomplexen Klingelanlage beschäftigen: in einen Computer im Vorraum muss man den Namen des Bekannten eingeben, den man besuchen will. Der Computer findet darauf die Nummer von dessen Wohnung heraus und die dazugehörige, wiederum andere Klingelnummer. Die wird dann in den Apparat eingetippt. Wenn alles geklappt hat, öffnet sich die Tür zum Foyer und man kann mit einem der vier Fahrstühle zu den labyrinthischen Etagen hinauffahren – und sich hier heillos verlaufen.

Das Lenindenkmal von Nikolai Tomski war 19 m hoch, hatte einen Durchmesser von 26 m und bestand aus 13 Schichten ukrainischem Granit.

🚋 5, 6, 7, 8
Platz der Vereinten
Nationen

Gestaltung 19. Jh.
Peter Joseph
Lenné

**Neukonzeption
1945**
Reinhold Lingner

**Neugestaltung
60er Jahre**
Erhard Steffke,
Walter Delenk

Volkspark Friedrichshain

Der Volkspark trägt seinen Namen bis heute zu Recht. Er ist bei jung und alt beliebt und wird von den Einwohnern der Umgebung zum Spazierengehen, Joggen, Hundeausführen, Knutschen oder Herumliegen gern genutzt.

Er ist keine originale DDR-Anlage, hatte aber für den sozialistischen Staat einige symbolische Bedeutung. Baubeginn war bereits 1846. Zwei Jahre später kam es während der Märzrevolution zu einem legendären Eklat. Der König wurde gezwungen, die Opfer der Straßenkämpfe, die als „Märzgefallene" in die Geschichte eingingen, auf dem Trauerzug zu ihrer letzten Ruhestätte mit bloßem Haupt zu grüßen. Diese letzte Ruhestätte befand sich in eben jenen Parkanlagen. Für eine wesentliche Erweiterung sorgte 1875/1876 Peter Joseph Lenné; der beliebte Märchenbrunnen wurde 1913 eröffnet.

Die beiden Berge, die sich heute 48 bzw. 78 m hoch im Park erheben, wurden 1945, kurz nach Kriegsende, aus den Trümmern zahlreicher Bunkeranlagen errichtet. Ihr Kern besteht aus zwei Flugabwehr-Türmen, deren vollständige Zerstörung mehr gekostet hätte als die Aufschüttung der Bunkerberge.

Neben der Errichtung einiger neuer Gebäude und Anlagen im Park gehören zu den markantesten Neuerungen der DDR-Zeit der 5000 qm große Staudengarten und der von Achim Kühn gestaltete Springbrunnen vor dem Café Schönbrunn. Drei Stahlsäulen tragen ein linsenförmiges Objekt, aus dessen Rändern das Wasser wie Regen von einem Schirm herunter läuft. Daneben steht die ehemalige Gaststätte „Spreewald", das heutige Café Schönbrunn (▶ S. 78)

Bemerkenswert sind aber vor allem die drei Gedenkstätten im Park. In der Nähe des Krankenhauses an der heutigen Landsberger Allee liegt der **Fried-**

hof der Märzgefallenen, der für das revolutionäre Selbstverständnis der DDR von zentraler Bedeutung war. (Gleich daneben befinden sich auch Gräber von Gefallenen der Novemberrevolution 1918.) Verändert wurde hier nicht viel. Hans Kies schuf 1960 eine Bronzefigur mit dem Titel „Roter Matrose". In typisch sozialistischer Manier ballt der Soldat seine Faust, allerdings nicht in der üblichen formelhaften Gestik auf Höhe des Kopfes, sondern trotzig auf Bauchhöhe.

Imposanter ist das **Denkmal für deutsche und polnische Antifaschisten** am Ausgang des Parks Richtung Prenzlauer Berg in der Nähe der Danziger Straße. Die große Freitreppenanlage von 1972 wird von einer 14 m hohen Säule überragt, an der im oberen Viertel ein Gebilde aus Fahne und Flamme zu sehen ist. Die Säule trägt auf der einen Seite das Emblem des polnischen Staates, auf der anderen das der DDR. An ihrem Fuß befindet sich ein Relief mit drei bewaffneten Figuren, einem Russen, einem Polen und einem Deutschen. Brüderlich begehren sie gegen das nationalsozialistische Regime auf. Entworfen wurde das monumentale Ensemble vom Kollektiv Günter Mertel, Zofia Wolska, Tadeusz Lodziana, und Arnd Wittig. Heute ist das Mahnmal ein beliebter Tummelplatz für Skater und Fahrrad-Jongleure.

Das künstlerisch wertvollste Denkmal im Park dürfte die 1968 von Fritz Cremer geschaffene Figur des Spanienkämpfers sein, ein dynamisch vorgereckter Kämpfer mit Schwert und drohender Faust. Cremer war einer der bekanntesten Bildhauer der DDR und spezialisiert auf Mahnmale. Sein Spanienkämpfer gehört zur **Gedenkstätte für die Interbrigadisten im spanischen Bürgerkrieg**, zu finden unweit vom Platz der Vereinten Nationen an der Friedensstraße (früher Leninplatz, ▸ S. 74). Die Stätte wurde zurückhaltend am Parkeingang platziert. Sie besteht lediglich aus einen steinernen Rechteck, zwei kleinen Steinsockeln, die die Ränder eines Schützengrabens symbolisieren, den der Cremersche Brigadist überspringt, und einer Bronzestele von Siegfried Krepp.

In der Nähe des Denkmals für deutsche und polnische Antifaschisten befand sich früher das Karl-Erich-Friesen-Schwimmstadion. Als Ruine stand es lange Zeit nach der Wende leer – ein Geheimtipp für Leute, die ab vom lauten Großstadtbetrieb in den menschenleeren Rängen sitzen, lesen oder sich sonnen wollten.

Am Friedrichshain 8
tram 2, 3, 4
Am Friedrichshain

ca. 1969–1973

Architekt
Werner Dutschke

Café Schönbrunn
Tgl. ab 12 Uhr
☏ (0 30) 42 01 28 91

CAFE SCHÖNBRUNN

Gaststätte „Spreewald"

Der kleine gestalterische Trick des Architekten Werner Dutschke gefällt den Besuchern immer noch: Auf den ersten Blick ist das Cafe Schönbrunn von außen nichts weiter als ein dreiteiliger Kasten mit einer Terrasse davor. Auf den zweiten Blick bemerkt man an den schmalen Eckpfeilern und hohen Fensterrahmen die augenzwinkernde Anspielung auf die historische Pavillon-Bauweise.

Zu finden ist der elegante Flachbau im Volkspark Friedrichshain, nicht weit entfernt vom Filmtheater am Friedrichshain und dem futuristischen Springbrunnen von Achim Kühn. (▸ S. 76) Der Pavillon entstand während der Neugestaltung des Parks zwischen 1969 und 1973.

Die Lokalität war von Anfang an gut besucht. Dass die Gaststätte „Spreewald", wie sie damals noch hieß, besonderen Kultstatus genoss, kann man allerdings nicht behaupten. Der stellte sich erst nach der Wende ein. Zunächst, weil sich herumsprach, dass die Betreiber hartnäckig am alten Inventar festhielten. Und tatsächlich konnte man hier bis Mitte der 90er Jahre unverstellt den kulinarischen Osten erleben, das Essen sah genauso aus wie früher, ganz zu schweigen von Geschirr und Besteck.

Dann kam die Umbenennung samt Renovierung. Dabei haben die neuen Betreiber versucht, das alte Flair zu erhalten. Die Fenster, der Schnitt der Räume und ein Teil des Inventars sind unverändert geblieben. Der Rest der Einrichtung passt sich gut an den Stil der späten 60er Jahre an. Zum Schwanenteich hinaus kann man im Sommer auf der Terrasse sitzen. Mit den neuen Café-Betreibern begann auch eine neue Phase der Popularität: In kurzer Zeit etablierte sich die Mischung aus Lounge, Café und Biergarten zu einer Kultkneipe ersten Ranges.

Bersarinplatz

U Frankfurter Tor
Tram 20, 21
Bersarinplatz

1985–1987

Projektierung
Fritz Ungewitter,
Georg Timme

Eine kreisrunde Rasenfläche, um die Autos und Stra-
ßenbahnen einen höflichen Bogen machen, 5- bis
8-stöckige Plattenbauten drum herum, das ist der
Bersarinplatz unweit der Frankfurter Türme (▸ S. 58).

Der Bersarinplatz gehört zu den wenigen zusam-
menhängenden Platz-Neugestaltungen der letzten
DDR-Jahre. Zuvor brauste hier auf sieben Spuren der
Verkehr geradewegs über die Kreuzung. Die damalige
Bersarinstraße verband zwei der wichtigsten Straßen
Ost-Berlins: Die Leninallee (heute Landsberger Allee)
und die Karl-Marx-Allee. Beim Umbau wurde die
Straße durch ein Rondell aufgespalten und der Kreis-
verkehr eingerichtet.

Den Namen hat der Platz von Berlins erstem sowjetischen Stadtkommandanten General Nicolai Ber-
sarin (1904–1945). Der widersprüchlichen Umbenen-
nungspolitik des Senats ist zu verdanken, dass die
Bersarinstraße jetzt wieder Petersburger Straße heißt,
der Platz jedoch den russischen Namen behielt. Das
passt aber recht gut zum unveränderten Ost-Ambi-
ente. Die Wohnhäuser gehören trotz der innovativen
Fassaden – statt der üblichen Balkone brachte man
hier verglaste Erker an – zu den düstersten Plattenbauten Ost-Berlins. Ein Hausdurchgang an der Ecke
Thaerstraße beweist, dass der DDR-Wohnungsbau
in den späten Jahren ästhetisch fast schon wieder
auf das Niveau der wilhelminischen Mietskasernen
herabgesunken war. Neubauten und Vorkriegshäuser
bilden hier einen geschlossenen engen Hinterhof.

Einige kleine Wandreliefs jeweils an einer Ecke
der Wohnblöcke, meist ein kleines hockendes Mädchen darstellend, bemühen sich darum, dem Ensemble einen thematischen Zusammenhalt zu geben.
Alles in allem ein Beispiel für einen eher misslunge-
nen Versuch der Platzgestaltung.

Verwirrende Namen:
An der Haltestelle Ber-
sarinplatz betont die
automatische Ansage
der Straßenbahnlinien
20 und 21 den General
fälschlicherweise seit
Jahren auf der ersten
Silbe (Bérsarin), wäh-
rend er auf der zweiten
betont werden muss
(Bersárin).

Landsberger
Allee 77
Tram 5, 6, 7, 8, 20
Landsberger
Allee / Petersburger
Straße

1978–1981

Architekten
Erhardt Gißke,
Bernd Fundel,
Günter Reiß,
Klaus Tröge

Sport- und Erholungszentrum (SEZ)

Wer an die ehemalige Kreuzung Leninallee/ Dimitroffstraße (heute Landsberger Allee/Danziger Straße) kommt, dessen Blick wird in der ansonsten recht einförmigen Plattenbaulandschaft von einer merkwürdigen Gebäudekonstruktion angezogen: Die verspielte Anlange des 1981 fertiggestellten Sport- und Erholungszentrums (SEZ).

Auf wenigen Quadratmetern konzentriert boten sich der Ost-Berliner Bevölkerung hier fast alle Möglichkeiten der sportlichen Betätigung. Man konnte schwimmen, Eis laufen, kegeln, Tennis und Handball spielen, aber auch essen und trinken oder die Sauna besuchen. Selbst eine sportmedizinische Beratung hatte hier ihren Platz.

Erbaut wurde das Ensemble unter der Leitung von Erhardt Gißke nach Plänen von Bernd Fundel und Günther Reiß.

Das Hauptgebäude an der Kreuzungsecke und der Flügel an der Landsberger Allee erinnern an die Deckaufbauten eines Vergnügungsdampfers. Auffällig ist die gläserne Transparenz der gesamten Anlage, einst geplant in der Absicht, Zuschauer auf der Straße zum sportlichen Mitmachen zu animieren. Eine erotische Komponente wurde zu DDR-Zeiten nur unter vorgehaltener Hand zugegeben, aber nach der Wende sprach es sich endgültig herum: Das SEZ war ein Paradies für Voyeure. Besonders die Schwimmhalle (heute Erlebnisbad genannt) lässt sich mühelos von mehreren Perspektiven einsehen. Auch das Innere der Mehrzweckhalle kann man von der Danziger Straße aus gut betrachten. Regelmäßige Benutzer der Straßenbahnlinie 20 kannten den Ausblick auf Tennis- und Handballspielende während der Vorbeifahrt. Immerhin wurden die Straßenbahnhaltestellen

so geschickt gebaut, dass während des Wartens kein direkter Einblick möglich ist.

Auf die aktiven Sportler und Schwimmenden scheint diese Offenherzigkeit nie großen Eindruck gemacht zu haben, der Beliebtheit des Zentrums hat sie jedenfalls nicht geschadet. Heute allerdings sind die Hallen dunkel, und in der Schwimmhalle ist nichts Aufregendes mehr zu beobachten. Fast alle Einrichtungen des SEZ sind derzeit geschlossen.

Eine Attraktion der zentralen Schwimmhalle, die man sich noch ansehen kann, ist ihr originelles Dach, bei dem moderne Stahlträger-Bauweise und alte Fachwerk-Technik miteinander kombiniert wurden. Mit Glas durchsetzte, lang gezogene Spitzdächer auf dem zweistufigen Flachdach verhindern, dass der Anblick eines so mächtigen Zweckbaus langweilig wird. Die Halle gewinnt zusätzlich noch an Dynamik durch die gläsernen Giebel der Spitzdächer, die über das Hauptdach hinausragen und wie Schiffskiele wirken.

Ähnlich verspielt muten deckähnliche Aufbauten des Gebäudeteils in der Landsberger Allee an. Auch im Inneren des Zentrums setzt sich die Transparenz in einfallsreichen Details fort.

Zum SEZ gehören auch einige Außenanlagen, wie zum Beispiel ein Freibad, die von der Kreuzung aus nicht sichtbar sind und in den Volkspark Friedrichshain hineinragen.

Im Juni 2003 hat der Berliner Senat die Anlage für den symbolischen Preis von 1 Euro an einen Schwimmbadbetreiber, die Poseidon GmbH, verkauft. Die Firma beabsichtigt die Sanierung und Wiedereröffnung des SEZ. Damit scheint der drohende Abriss abgewendet zu sein. Das Herzstück des Hauses, das Schwimmbad, wird wohl erst 2008 wieder seine Tore öffnen, während kleinere Einrichtungen wie die Bowlingbahn und die Sporthalle schon in nächster Zukunft wieder in Betrieb genommen werden könnten.

Ⓢ Prenzlauer Allee
Ⓢ Greifswalder
Straße

Ernst-Thälmann-Park
1985/1986

Planetarium
1985–1987

Architekt
Gottfried Hein

Zeiss-Großplanetarium und Ernst-Thälmann-Park

Schräg gegenüber vom Ausgang der S-Bahnstation Prenzlauer Allee lenkt eine futuristische Konstruktion die Blicke auf sich: Eine mächtige, metallisch glänzende Halbkugel von 23 m Durchmesser blitzt in der Sonne, flankiert von einem turmähnlichen Anbau aus Beton. Das ist einer der letzten großen und teuren Prestigebauten der DDR in Berlin, das **Zeiss-Großplanetarium**.

Der Bau des auch heute noch viel besuchten Gebäudes wurde 1985 unter Leitung des Architekten Gottfried Hein begonnen und 1987 zur Berliner 750-Jahrfeier eingeweiht. Die Projektoren für den spektakulären Kuppelsaal, die über 9000 Sterne und zahlreiche Himmelsphänomene simulieren können, stammen aus den berühmten Zeiss-Werken in Jena.

Das Haus bietet mehrmals in der Woche Veranstaltungen für Erwachsene und Kinder an. Und nicht nur astronomische Probleme werden hier gewälzt. Sehr beliebt ist die Reihe „Hörspielkino unterm Sternenhimmel", bei der man im Dunkeln unter künstlichen Himmelskörpern Audioproduktionen lauschen kann. Außerdem befindet sich noch ein Kino im Planetarium.

Hinter dem Planetarium beginnt der **Ernst-Thälmann-Park**, eine Mischung aus Grünanlage und Wohnsiedlung, die sich bis zur Greifswalder Straße an der Danziger Straße entlang zieht. Die SED-Führung nahm gleich zwei Jahrestage zum Anlass, um ihn anzulegen: Das Berlin-Jubiläum 1987 und den hundertsten Geburtstag des ermordeten KPD-Führers 1986.

Der Park entstand auf dem Gelände einer 1981 stillgelegten Gasfabrik. Um deren Gasometer entbrannte in den frühen 80er Jahren ein für die DDR-

Hauptstadt erstaunlich offener Streit. Viele Bewohner des Prenzlauer Berges setzten sich für den Erhalt der historischen Konstruktionen ein. Trotz der massiven Bürgerproteste wurden sie 1984 gesprengt.

Die mit nur wenigen Bäumen bepflanzte Fläche wird von den Anwohnern gern zum Sonnen, Spazierengehen, Picknicken oder Ballspielen genutzt. Einige Meter hinter dem Planetarium findet sich ein vollständig erhaltener, sehr witzig gestalteter Spielplatz aus der DDR-Zeit.

Geht man weiter in Richtung Greifswalder Straße, stößt man auf imposante 18-geschossige Wohntürme. Die Plattenbauten wirken im Vergleich z. B. zu den Blöcken am Bersarinplatz, die zur selben Zeit gebaut wurden, freundlich und wohnlich. Auch eine Schwimmhalle und eine Schule aus den späten 80ern sind noch vorhanden und in Betrieb.

Am Parkrand zur Greifswalder Straße hin stutzt so mancher Spaziergänger: ROT FRONT! Grüßt eine Inschrift mit riesigen Lettern auf einem gewaltigen Monument. Hier befindet man sich am letzten erhaltenen Großdenkmal Ost-Berlins, dem Thälmann-Denkmal. Es wurde vom russischen Bildhauer Lew E. Kerbel angefertigt, von dem auch der berühmte Marx-Kopf in Chemnitz stammt.

Läuft man zur Vorderseite des Denkmals an der Greifswalder Straße, wird man unweigerlich auf Skater oder Touristen stoßen. Die lassen sich hier gern fotografieren, um zu beweisen, dass sie wirklich im ehemals sozialistischen Teil der Stadt gewesen sind.

Das 50 Tonnen schwere Denkmal reduziert den Vorsitzenden der KPD vor einer welligen Fahne auf sein trotziges Gesicht und seine rechte Faust. An ihr kann man anschaulich lernen, wie ein echter Kommunist seine Faust zu ballen hatte: nicht etwa mit dem Daumen nach innen, sondern nach außen. Wer die steinerne Geste imitiert, wird merken, dass das gar nicht so einfach ist.

Zeiss-Großplanetarium
Prenzlauer Allee 80
Automatische
Programmansage:
☎ (0 30) 4 25 16 52
Besucherdienst:
☎ (0 30) 42 18 45-12

Esplanade, Stavangerstraße, Gotlandstraße, Ibsenstraße
U Vinetastraße

ca. 1970

Botschaftsviertel Pankow

Eine Botschaft mit der Adresse „Esplanade 14, Berlin, Hauptstadt der DDR" klingt nicht schlecht. In Kuba oder Kambodscha auf jeden Fall. Konnte man dort doch kaum ahnen, das die Pankower Esplanade eine unscheinbare kleine Straße und das Botschaftsviertel der DDR eine eher bescheidene Angelegenheit war. Aber auch wenn hier kein Prunk die Szenerie bestimmt, sind die würfelförmigen Häuser in ihrer Schlichtheit außergewöhnlich formschöne Varianten der Plattenbauweise.

Fährt man die Schönhauser Allee durch den Prenzlauer Berg immer weiter Richtung Norden, kommt man irgendwann nach Pankow. Ein Drittel dieses Berliner Stadtteils besteht aus Parks, Kleingärten und Wald, ein Viertel wird noch landwirtschaftlich genutzt, Industrie gibt es wenig. Im Schloss Niederschönhausen, dem ehemaligen Amtssitz des ersten Präsidenten der DDR, Wilhelm Pieck, wurden hohe Staatsgäste der DDR untergebracht. Berühmt wurde Pankow jedoch für seine Villenviertel, in denen zu DDR-Zeiten die Prominenz des Politik- und Kunstbetriebs wohnte, u. a. der Schriftsteller Heiner Müller, der Schauspieler Manfred Krug und Walter Ulbrichts Frau Lotte Ulbricht.

Das Botschaftsviertel in Pankow wurde erst in den 70er Jahren im Zuge der internationalen Anerkennung der DDR errichtet. Jedes Land bekam den gleichen „Diplomatenwürfel" (so wurden sie von den Ost-Berlinern genannt): einen freistehenden, flachgedeckten zweistöckigen Bau auf einem kleinen Gartengrundstück mit Zaun und RFT-Klingelanlage (RFT war der Rundfunktechnikhersteller der DDR). Jedes Häuschen hatte ein leicht eingerücktes Trep-

penhaus im Kern des Gebäudes und drei Geschosse mit großen Fenstern. Die oft mit Mosaiksteinen abgesetzten Kachelleisten zwischen den Fenstern waren die einzige Zierde. Die unterschiedlichen Farben der Kacheln gaben den Botschaften einen Schuss Individualität. Bei einigen Gebäuden waren auch die Gitter der französischen Balkons etwas ausgefallener. Inspiration für die Botschaftsgebäude hatte man sich offensichtlich bei den reduzierten Architekturen der 20er Jahre, beim Weimarer Bauhaus und dem Neuen Bauen geholt, so klar sind die Linien gezogen und die Proportionen ausgemessen.

Sieht man sich im Vergleich dazu die ehemalige UDSSR-Botschaft am Boulevard Unter den Linden in Mitte an (▸ S. 32), scheinen zwei Welten aufeinander zu prallen – hier der ruhige Vorort, dort das laute Zentrum, hier die bestechende Einfachheit der 70er Jahre, dort der verschnörkelte Prunk des stalinistischen Ära.

Nach der Wende haben wenige Botschaften ihren Sitz in Pankow behalten. Nur finanzschwache Länder wie Kuba, Eritrea, Bosnien-Herzegowina, Kap Verde, Moldawien oder Kambodscha haben hier ihre Vertretungen. Einige der alten Botschaftshäuser stehen inzwischen leer, sind grau geworden und von Gestrüpp überwuchert. Andere wurden renoviert und haben sich in Arztpraxen und Medienbüros verwandelt. Wieder andere wurden zu Mehrfamilienhäusern umgebaut und könnten mit ihrem neuen Putz und Anstrich auch in einem modernen Hamburger Villenviertel stehen. In tiefem Blau, cremefarbenem Weiß oder sattem Ocker machen die Würfel einen noblen Eindruck. Doch fast überall stehen noch die leeren Fahnenstangen vor dem Haus und erinnern an die multikulturelle Geschichte dieses Viertels.

Botschaft der Republik Kap Verde
Stavangerstraße 16

Botschaft von Eritrea
Stavangerstraße 18

Botschaft von Kuba
Stavangerstraße 20

Botschaft von Moldawien
Gotlandstraße 16

Bühringstraße 20
Tram 1 Am Steinberg
Tram 13, 23, 24
Gustav-Adolf-Str./
Langhansstr.

1955–1956

Architekt
Selman Selmanagic

Kunsthochschule Berlin-Weißensee

Die Kunsthochschule in Weißensee liegt nicht gerade zentral, aber der Abstecher in den Nordosten Berlins lohnt sich. Zumal das Hochschulgebäude von Selman Selmanagic zu Unrecht ein wenig aus dem Blickfeld der Berliner Baugeschichte geraten ist. Der streng gegliederte, ockerfarbene Gebäudekomplex erinnert an die Formen und Farben der Bauhausarchitektur. Vieles findet man hier noch im originalen Zustand vor. Vor allem die Innenausstattung und viele kleine Details halten hier die DDR der 50er Jahre wach.

Die Kunsthochschule Berlin-Weißensee wurde 1946 als „Hochschule für angewandte Kunst" gegründet. Provisorisch wurde sie zunächst in einem Teil der ehemaligen Schokoladenfabrik Trumpf in der nahen Gustav-Adolf-Straße untergebracht. Als es dort zu eng wurde, zog die Schule in den Backsteinbau in der Bühringstraße um. 1950 übernahm dann der holländische Architekt Mart Stam die Leitung des Hauses. Zielstrebig setzte er sich dafür ein, dass – neben Dessau und Weimar – auch hier in Berlin die gestalterischen Traditionen des Bauhaus weitergeführt wurden. Deshalb rief er den Architekten Selman Selmanagic an die Hochschule und ernannte ihn zum Professor für Bau- und Raumgestaltung.

Selman Selmanagic (1905–1986) war stark von seinem Studium am Dessauer Bauhaus und der Architektur von Ludwig Mies van der Rohe und Walter Gropius geprägt. 1933 hatte er in Gropius' Architekturbüro in Berlin gearbeitet. 1945 war es auch Selmanagic gewesen, der die Stadtplanungsämter beim Magistrat Groß-Berlins einrichtete und sie der Leitung Hans Scharouns (Laubenganghäuser, ▶ S. 50) unterstellte. Als die DDR-Regierung in den 50er Jahren von der Architektur der Moderne

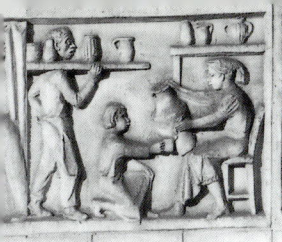

abrückte, gelang es ihm jedoch mit dem Walter-Ulbricht-Stadion (1950, später Stadion der Weltjugend,
inzwischen abgerissen ► S. 110), der Bauhaustradi-
tion treu zu bleiben. Während Selmanagic an der
Kunsthochschule lehrte, entstand 1955/1956 nach
seinen Entwürfen der Neubau. Einige Teilbereiche
hatte er von seinen Studenten entwerfen lassen.

Die Anlage besteht aus drei Teilen, die gemeinsam mit dem Altbau ein Karree bilden. Über einen
großflächig verglasten, eingeschossigen Flachbau
wird der Backsteinbau mit dem gegenüberliegenden Gebäude verbunden. Diese Passage ist zugleich
Eingangshalle und Durchgang zum Hof. Unter ihrem
Dach trägt sie ein rosa-rot gemustertes Schmuck-
band, das in seinem poppigen Design den 60er
Jahren vorgreift. Linkerhand, dem Altbau gegenüber,
befindet sich ein repräsentativer, viergeschossiger
Trakt. Er erinnert noch am meisten an die alten, wilhelminischen Schulgebäude. Doch seine Fassadengestaltung ist modern und vermeidet jede einschüch-
ternde Monumentalität, wie sie früher bei Schulbau-
ten üblich war. In diesem Teil sind die Arbeitsräume
untergebracht. Im rechten Winkel dazu schließt sich
ein dritter Trakt an. Hier befinden sich die Küche, die
Mensa und im zweiten Stock eine Aula. Der große
Saal mit Bühne und Deckenleuchtern ist im Stil der
50er Jahre mit dunklem Holz verkleidet.

Im Innenhof des Karrees befindet sich ein kleiner Garten. Mit seinen Obstbäumen strahlt er eine
angenehme Ruhe aus. In seiner Gesamtheit wirkt
der Gebäudekomplex von hier aus straff geordnet,
die Feingliedrigkeit der einzelnen Baukörper und
die Rot- und Ockertöne bieten dem jedoch einen
angemessenen Kontrast. Ein paar Schritte hinter dem
Altbau hat Selmanagic den Studenten – und wohl
auch sich selbst – ein kleines Schwimmbecken ge-
schenkt. Leider ist das Becken derzeit nur mit mod-
rigem Brackwasser gefüllt, die Phantasie ergänzt das
Bild jedoch mühelos mit klarem, blauem Wasser zum
genussvollen Bad.

**Kunsthochschule
Berlin-Weißensee**
☎ (0 30) 4 77 05-0
www.kh-berlin.de

Genslerstraße 66
Tram 5, 15
Freienwalder
Straße

Altbau
1938–1939

Neubau
ca. 1959–1961

GEDENKSTÄTTE HOHENSCHÖNHAUSEN

Untersuchungsgefängnis Hohenschönhausen

Auch solche Gebäude gehören dazu, wenn man sich mit Bauten der DDR beschäftigt. Durch ihre Existenz, dadurch, dass man sie anschauen und betreten kann, erinnern sie daran, wie das Unterdrückungssystem in der DDR funktionierte.

Das ehemalige sowjetische Speziallager und spätere Stasi-Gefängnis Berlin-Hohenschönhausen ist schon von weitem an der hohen Mauer und den Wachtürmen zu erkennen. Heute erinnert eine Gedenkstätte an die politische Verfolgung in der Sowjetischen Besatzungszone und in der DDR. Ehemalige Gefangene führen über das Gelände und geben Auskunft über die Haftbedingungen im Stasiknast.

Ursprünglich befand sich in dem 1938 errichteten Backsteinbau eine Großküche der Nationalsozialistischen Volkswohlfahrt (NSW). Im Mai 1945 wurde das Gebäude von der sowjetischen Besatzungsmacht zum „Speziallager 3", einem Sammel- und Durchgangslager umfunktioniert. Auf engstem Raum waren zeitweise über 4200 Menschen zusammengesperrt, die unter schlechten hygienischen Bedingungen nur unzureichend ernährt wurden und der Kälte ausgeliefert waren.

Die Häftlinge waren zum großen Teil als mutmaßliche NS-Kollaborateure oder potenzielle politische Gegner der sowjetischen Besatzung denunziert worden. Unter ihnen befanden sich auch Prominente, wie der Berliner Schauspieler Heinrich George. George kam 1946 ins Lager Sachsenhausen, wo er wenig später starb. Andere wurden jahrelang festgehalten, ohne dass sie erfuhren, was mit ihnen passieren sollte. Wieder andere wurden von sowjetischen Militärtribunalen verurteilt – ohne ein Recht auf Verteidigung. Nach offiziellen sowjetischen Angaben starben

zwischen Juli 1945 und Oktober 1946 insgesamt 886 Menschen, nach unabhängigen Schätzungen muss man jedoch von über 3000 Toten ausgehen.

1951 übernahm das Ministerium für Staatssicherheit (MfS), kurz Stasi, das Gefängnis in dem unterkellerten Backsteinbau und nutzte es bis 1990 als zentrale Untersuchungshaftanstalt. Zu den Insassen gehörten Streikführer des Aufstands vom 17. Juni 1953, Zeugen Jehovas und Reformkommunisten wie der Leiter des Aufbau-Verlages Walter Janka.

Ende der 50er Jahre errichteten Häftlinge des benachbarten Arbeitslagers des MfS auf dem Gelände einen u-förmigen Neubau mit über 200 neuen Zellen, Vernehmerzimmern und einem Haftkrankenhaus. Um das Gefängnis herum wurden einige Straßenzüge zum Sperrgebiet erklärt. Auf Stadtplänen wurden die Straßen und Gebäude nicht verzeichnet.

Vor allem „politisch Verdächtige", wie der SED-Dissident Rudolf Bahro und der Schriftsteller Jürgen Fuchs, oder potenzielle DDR-Flüchtlinge wurden in den 60er, 70er und 80er Jahren hier gefangen gehalten. Weniger mit physischer Gewalt als mit psychologischen Methoden wurden die Häftlinge jetzt gefoltert: Sie wurden vollständig isoliert und durften sich in den Zellen tagsüber nicht hinlegen oder sportlich betätigen, sondern hatten sich ruhig zu verhalten. Zudem wurden sie, wie schon unter sowjetischer Führung, über den Ort und die Dauer ihres Aufenthaltes im Ungewissen gelassen.

Nach dem Sturz der SED-Diktatur und der Auflösung des MfS 1989 wurde die Haftanstalt am 4. Oktober 1990 endgültig geschlossen. 1992 wurde das Gelände unter Denkmalschutz gestellt. Zwei Jahre später wurde hier auf Wunsch ehemaliger Häftlinge eine Gedenkstätte eingerichtet. In den Räumen des Gefängnisses wurde bewusst kaum etwas verändert. Der muffige Linoleumgeruch hängt noch in den Gängen und Vernehmerzellen, und auch das eine oder andere Bild von Ulbricht und seinen Genossen ist noch an der Wand zu finden.

Gedenkstätte Berlin-Hohenschönhausen
((0 30) 98 60 82-30/32
www.stiftung-hsh.de
info@stiftung-hsh.de

Ausstellungen:
Tgl. 9–18 Uhr

Geführter Rundgang über das Gelände:
Mo–Fr 11 und 13 Uhr
Sa/So stündl. zwischen 10 und 16 Uhr

Filmvorführungen:
Sa/So 12 und 15 Uhr

Verwaltungsviertel
Normannenstraße

Das Karree zwischen Frankfurter Allee, Normannenstraße, Magdalenenstraße und Ruschestraße war
berüchtigt: Hier hatte – neben anderen staatlichen
Organen – das Ministerium für Staatssicherheit (MfS)
seinen Sitz. Die Berliner sprachen von der „Norman-
ne". Das MfS mit seinem Chef Erich Mielke residierte
im Haus 1, einem 1956–1962 erbauten, mehrmals
erweiterten Gebäude, in dem sich heute eine Gedenkstätte befindet.

Die Staatssicherheit, eine der gefürchtetsten und
verhasstesten Einrichtungen des SED-Staates, über-
wachte mit Hilfe von angeworbenen Spitzeln, so ge-
nannten Informellen Mitarbeitern (IM), das Handeln
vieler Bürger. Der Umfang dieser Aktionen und die
repressiven Maßnahmen gegen Andersdenkende lös-
ten nach der Wende ein kollektiven Schock aus. In
fast jedem Bekanntenkreis wurden plötzlich Namen
scheinbar harmloser Mitmenschen bekannt, die für
die Staatssicherheit gearbeitet hatten.

48 Verwaltungsgebäude aus allen Epochen der
DDR stehen im Verwaltungsviertel rund um die
Ruschestraße dicht gedrängt auf engstem Raum
– vom 50er-Jahre-Komplex im Stile der Stalinallee
bis zum schmucklosen Plattenbau der 80er. Wer vom
U-Bahnhof Magdalenenstraße kommt, wird zunächst
mit einem der beeindruckendsten Plattenbau-Wohn-
viertel Ost-Berlins konfrontiert. Zwischen 11 und 18
Stockwerke hoch und endlos lang, beherrschen diese
Wohnsilos die gesamte Gegend. Dieser wuchtige
Baustil war beabsichtigt, denn hier lebte ein großer
Teil der Mitarbeiter des Verwaltungszentrums.

Auf diesem Verwaltungsviereck spielten sich während der Wende von 1989/1990 die einzigen Szenen
ab, die wirklich an Bilder revolutionärer Straßen-

kämpfe erinnerten: Am 15. Januar 1990 stürmte eine aufgebrachte Menge das Viertel und zerstörte vermeintliche Einrichtungen der Staatssicherheit. Die Fernsehbilder wirkten allerdings dramatischer, als die ganze Aktion in Wirklichkeit war. Verletzt wurde niemand, und die Menge tobte sich an einem unbedeutenden Haus für Versorgungsbelange aus. Diese Unwissenheit kommt einigen Historikern heute so merkwürdig vor, dass sie glauben, die Staatssicherheit habe durch gezieltes Lenken der Randalierer selbst dafür gesorgt, dass nur ein unwichtiges Gebäude verwüstet wurde.

Der Sitz des Ministeriums für Staatssicherheit, das Haus 1, erinnert an ähnliche Verwaltungsgebäude in Moskau, kommt aber ohne allzu verschwenderische Verzierungen aus. Besonders aufschlussreich für Architektur- und Designinteressierte ist die völlig unveränderte dritte Etage, Erich Mielkes Zentrale, in der alle Büroräume, der Sitzungssaal, ja sogar die Küchen und die Kantine im Originalzustand besichtigt werden können. Diese Räume sind beispielhaft für die Einrichtungen von DDR-Verwaltungsgebäuden in den späten 50ern. Denn Mielke, der hier 32 Jahre Woche für Woche hinter dem Schreibtisch saß, legte Wert darauf, dass im Haus kaum etwas geändert wurde. Nur wenige Dinge kamen in den 70er und 80er Jahren hinzu: Hier ein vereinzelter Sessel, dort ein besserer Kühlschrank. Es dominiert eine schlichte Holzverkleidung, hinter der sich zahlreiche Panzerschränke befinden. Gemessen an heutigen politischen Verwaltungseinrichtungen überrascht die karge Einrichtung des Ministeriums.

In der Kantine können Besucher bis heute noch in originalem DDR-Ambiente und bei sehr moderaten Preisen Kaffee trinken, auch wenn hier begreiflicherweise nicht gerade eine urgemütliche Stimmung aufkommt.

In den anderen Etagen befinden sich Ausstellungsräume zur Geschichte der Staatssicherheit.

Gedenkstätte Normannenstraße
Ruschestraße 103, Haus 1
Öffnungszeiten Gedenkstätte und Kantine:
Mo–Fr 11–18 Uhr
Sa/So 14–18 Uhr
Eintritt: 3 €
((0 30) 5 53 68 54
www.stasimuseum.de

Gudrunstraße
Ⓢ Ⓤ Lichtenberg

1950/1951

Projektierung
Wilhelm Pieck,
Richard Denner,
Hans Mucke

ZENTRALFRIEDHOF FRIEDRICHSFELDE

Gedenkstätte d. Sozialisten

In der Nähe des S-Bahnhofs Lichtenberg, am Ende der Gudrunstraße, befindet sich der Zentralfriedhof Friedrichsfelde. Durch den rechten Haupteingang gelangt man zu breiten Treppenstufen und einer halbrunden Mauer. In der Mitte eines Rondells steht hier ein mächtiger Findling mit der Aufschrift „Die Toten mahnen uns". Das ist die Gedenkstätte der Sozialisten am Zentralfriedhof Friedrichsfelde.

Zu DDR-Zeiten fanden hier alljährlich im Januar die staatlich verordneten Trauerfeierlichkeiten zum Gedenken an die ermordeten Revolutionäre Rosa Luxemburg und Karl Liebknecht statt. Tausende mussten bei eisigem Wetter an der Gedenkstätte vorbei defilieren. In den letzten DDR-Jahren machten die mit diesem Grabbesuch verbundenen Januar-Demonstrationen auch in der West-Presse Schlagzeilen: Oppositionelle Gruppen beriefen sich auf selbst gefertigten Transparenten auf Rosa Luxemburgs Forderung, dass Freiheit immer auch die Freiheit der Andersdenkenden sein müsse. Die „Andersdenkenden" wurden dabei von Stasi-Leuten abgedrängt, schikaniert und teilweise festgenommen.

Um das Mahnmal herum sind sternförmig Grabplatten gruppiert. Partei- und Staatschef Walter Ulbricht ist hier begraben und der erste Präsident der DDR, Wilhelm Pieck. Die eigentlichen Ikonen aber, deren Gedenkplatten Menschen aus der ganzen Welt bis heute magisch anziehen, sind die Gründer der KPD, Rosa Luxemburg und Karl Liebknecht. Sie liegen schon seit ihrer Ermordung 1919 auf diesem Friedhof, waren aber zunächst in der nördlichen Ecke des Friedhofs bestattet.

Der Architekt Mies von der Rohe bekam 1926 den Auftrag, an diesem Ort ein Mahnmal zu gestalten. Dort wurde dann neben „Rosa und Karl" auch an-

derer linker Opfer von politischer Gewalt in der Weimarer Republik gedacht. Die Nazis zerstörten 1934 das Denkmal und ebneten die Gräber ein. Nach dem II. Weltkrieg beschloss die SED, eine neue, zentralere Gedenkanlage am Haupteingang des Friedhofs zu bauen. Der Rohentwurf stammt von Wilhelm Pieck, die Details von Richard Denner und Hans Mucke.

Die neue Gedenkstätte sollte alle wichtigen Persönlichkeiten des Sozialismus in einer Art Freiluft-Pantheon vereinigen. Aber nicht alle gewürdigten Sozialisten sind wirklich hier begraben. Die Gräberplatten von Luxemburg und Liebknecht sind nur Gedenkplatten; es fanden sich keine Überreste mehr von ihnen an der alten Bestattungsstelle. Das Grab Ernst Thälmanns, dem im KZ Buchenwald ermordeten KPD-Führer, ist ebenfalls leer.

Den weniger bedeutenden Sozialisten wird an der hinter dem Rondell liegenden Rondellmauer gedacht. Sie rahmt den Gedenkstein in einem weit geschwungenen Halbkreis ein. Hier liegen unter anderem die sterblichen Überreste des Dichters Erich Weinert und des Arbeiterführers Wilhelm Liebknecht. Auch der ehemalige Reichskanzler und SPD-Vorsitzende Hermann Müller liegt hier, zusammen mit anderen SPD-Funktionären der Weimarer Republik. Ihre Bestattung an dieser weihevollen Stätte war eine Geste der Versöhnung der SED gegenüber der zwangsvereinigten SPD.

Ganz rechts in der Mauer verwittert eine große Gedenktafel aus rotem Stein für die kommunistischen Opfer der Novemberrevolution, der Weimarer Republik und des Spanienkrieges. Viele der eingetragenen Namen sind heute kaum noch zu lesen.

Links vom Mahnmal öffnet sich ein Durchgang zu einem kleinen Park. Reinhold Lingner, Ost-Berlins berühmtester Landschaftsplaner, schuf hier, angelehnt an die Gedenkstättenform, ein Gartenrondell. In der Mitte erhebt sich ein mit Blumen bewachsener Hügel. Darum herum sind unter Bäumen Hunderte weitere DDR-Persönlichkeiten bestattet worden.

Städtischer Zentralfriedhof Friedrichsfelde
Gründung 1875

Frühere Gedenkstätte der Sozialisten von 1926
Architekt:
Mies van der Rohe
Fragmente der ursprünglichen Anlage sind im nordwestlichen Teil des Friedhofs zu sehen

Rondellanlage Pergolenweg
1951/1952
Entwurf:
Reinhold Lingner

Ⓢ Springpfuhl
Ⓢ Raul-Wallen-
berg-Straße
Ⓢ Marzahn
🚋 8, 18 Helene-
Weigel-Platz

1976–1986

Gesamtleitung
Günter Peters

Konzeption
Peter Schweizer,
Dieter Schulze,
Heinz Graffunder

Allee der Kosmonauten und der Stadtteil Marzahn

Die Allee der Kosmonauten schlängelt sich von der Grenze des Stadtteils Lichtenberg mit scharfen Kurven als Hauptschlagader durch die Trabantenstadt Marzahn.

Man benutzt für die Reise durch die Großsiedlung am besten die Straßenbahnlinie 8. Mit dem Beginn der Allee der Kosmonauten eröffnet sich ein Panorama, das auch eingefleischte Plattenbau-Gegner beeindrucken dürfte: Sechs gewaltige Häuserblöcke ragen auf der linken Seite in den Himmel. Erst wenn man näher kommt, stellt man fest, dass sie nicht in einer Linie stehen, sondern sich in drei große Ensembles auflösen.

Am Helene-Weigel-Platz erinnert eine stilisierte Richtkrone an den Baubeginn des Marzahner Wohngebiets im Jahre 1977. Daneben steht die ausgestanzte Silhouette eines Menschen in einer Betonplatte. Sie soll andeuten, dass der Mensch im Mittelpunkt des sozialistischen Staates steht. Die Marzahner sahen in der Figur aber auch den „fliehenden Berliner": er ist in Panik so schnell fortgerannt, dass er im Beton einen Umriss zurückgelassen hat.

Das Siedlungsprojekt hatte für die DDR historische Dimensionen. Hier wollte der Staat der Berliner Wohnungsnot endgültig ein Ende bereiten. Erich Honecker persönlich weihte noch im selben Jahr 1977 die erste Wohnung in der Nähe des Denkmals ein. Unter Aufbietung aller Kräfte wurde hier innerhalb von neun Jahren ein Block nach dem anderen errichtet. Obwohl man sich um einen hohen Wohnungsstandart bemühte, ließ die Ausführung oft zu wünschen übrig. Die Bäder waren fensterlos, und die Küchen waren oft Bestandteil des Wohnzimmers.

Eine Folge der überstürzten Schnellbauerei war

auch die extrem schlechte Schallisolierung. Sogar ein leiser Fernsehapparat war in der Nachbarwohnung immer noch deutlich hörbar, ganz zu schweigen von den Geräuschen innerhalb der eigenen Wohnung.

Trotzdem ist Marzahn attraktiver als sein Ruf. Zwar leben in den Plattenbausiedlungen des Bezirks Marzahn-Hellerdorf nicht weniger als eine Viertelmillion Menschen. Allerdings stehen die Gebäude weit auseinander, und viel Grün wurde zwischen ihnen angepflanzt. Die Rasenflächen, Gartenanlagen und kleinen Parks wurden zum großen Teil von den Bewohnern in vielen freiwilligen Arbeitsstunden selbst angelegt.

1986 war die Bebauung um die Allee der Kosmonauten und ihrer Verlängerung, der Bruno-Leuschner-Straße (heute Raoul-Wallenberg-Straße), im Wesentlichen abgeschlossen. Das alte Dorf Marzahn, das dem neuen Stadtteil seinen Namen gab, wurde nicht abgerissen, sondern in die Siedlung integriert. Die alte Windmühle aus Holz und die märkischen Bauernhäuser rund um den Dorfanger wurden Teil der neuen Stadtlandschaft.

1987 entstand nach Verzögerungen auch der Landschaftspark im Wuhlethal, dessen Kern heute der Erholungspark Marzahn bildet. Mitten in diesem Gebiet erhebt sich der künstliche, 100 m hohe Kienberg. Der einsame Hügel ist auch von der Straßenbahnlinie 8 aus gut zu erkennen. Wer sich die Mühe eines Aufstiegs machen will, wird mit einen Rundblick auf ganz Marzahn belohnt.

Schon kurz nach der Wende begannen in Marzahn Sanierungsarbeiten an den Plattenbauten. Jetzt schien der Wohnstandard zu gering, die Baumängel zu groß und die Anzahl der Wohnungen bald zu hoch. Einige Blocks wurden abgetragen, andere auf einer geringere Stockwerkzahl reduziert. Mittlerweile sind viele Häuser renoviert und mit lebhaften Farben neu gestaltet worden. Auch neue Großbauten entstanden hier nach 1990. An Schönheit übertreffen sie die alten Häuser jedoch nicht unbedingt.

Erholungspark Marzahn
Eisenacher Straße 99
Bus 195
Tgl. ab 9 Uhr bis Einbruch der Dunkelheit
Eintritt: 1,50 €
((030) 54 69 80
www.erholungspark-marzahn.de

Ⓢ Storkower
Straße
🚊 8, 27
Anton-Saefkow-
Platz

1972–1986

Leitung
Joachim Näther,
Heinz Graffunder,
Roland Korn

Wohnkomplex Fennpfuhl

Der Lichtenberger Stadtteil Fennpfuhl ist so etwas wie eine idealtypische DDR-Siedlungslandschaft, mit Kaufhallen, Springbrunnen, großen Parkplätzen, Hochhäusern und weiteren Plattenbauten. Sie zieht sich links und rechts an der Landsberger Allee hin und endet an der Storkower Straße. Schon 1966 waren an der Storkower Straße erste Plattenbau-Wohnhochhäuser entstanden. Diese Experimentalbauten gelten als die Vorreiter des späteren industriellen Wohnungsbaus der DDR. Sie stehen am Rand des großen Gewerbegebiets an der Storkower Straße, das in den Jahren 1962–1966 entstanden ist.

In dieser Zeit nahm durch das Bevölkerungswachstum und gestiegene Ansprüche die Wohnungsnot immer mehr zu – man suchte nach neuen Lösungen im Wohnungsbau. 1972 begann der Bau der Siedlung rund um den idyllischen Teich Fennpfuhl, der bis heute im Zentrum des Stadtteils liegt. Das Wohngebiet am Fennpfuhl sollte der Prototyp für die neuen Großsiedlungen der DDR werden.

Doch die Planungen gerieten bald ins Stocken, da der Aufbau schneller voran ging als die Projektierung(!), über die unter den Architekten große Differenzen bestanden. Das Ziel, die Bebauung bis 1975 abzuschließen, konnte nicht erreicht werden. Erst 1986 erklärte man den Aufbau für beendet. Inzwischen waren weitere und größere Plattenbauviertel in Marzahn und Hellersdorf entstanden.

So finden sich in Fennpfuhl auf engstem Raum Zeugnisse verschiedener Platten-Baustile. Die fantasievolleren, farbigen Blöcke der 70er stehen neben grauen Häusern aus den 8oern. Die Wohnungen entsprachen von Anfang an einem für DDR-Verhältnisse hohen Standard und waren mit Fernheizung, Einbauküche, Bad und oft mit Balkon ausgestattet.

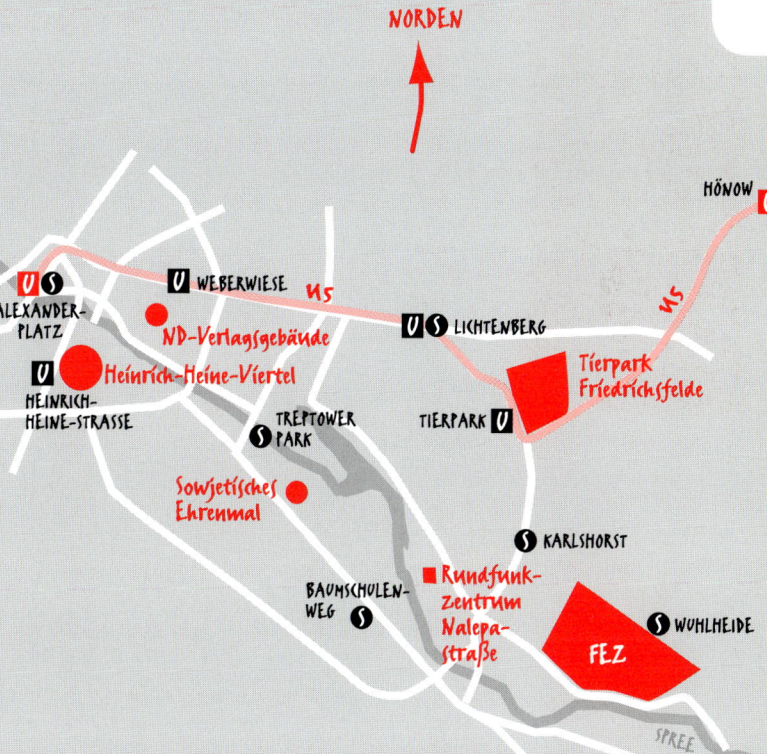

NORDEN

HÖNOW U

U WEBERWIESE U5

ALEXANDER-
PLATZ U S

ND-Verlagsgebäude

U S LICHTENBERG

U5

U Heinrich-Heine-Viertel

HEINRICH-
HEINE-STRASSE

Tierpark
Friedrichsfelde

TREPTOWER
S PARK

TIERPARK U

Sowjetisches
Ehrenmal

S KARLSHORST

Rundfunk-
Zentrum
Nalepa-
straße

BAUMSCHULEN-
WEG S

FEZ

S WUHLHEIDE

SPREE

Franz-Mehring-
Platz 1
Ⓢ Ostbahnhof

1969–1971

Architekten
Edgar Hofman,
Eberhardt Just

ND-Verlagsgebäude

Noch immer prangen weithin sichtbar die Buchstaben auf dem Dach des langgezogenen, siebenstöckigen Gebäudes: „Neues Deutschland". Die Initialien „ND" zieren weiter die Griffe der verglasten Eingangstüren. Auch die Empfangshalle des Hauses der ehemaligen SED-Tageszeitung wirkt wie aus besten sozialistischen Tagen: metallverkleidete eckige Säulen, Clubsessel, niedrige Tischchen, eine mit geschwungenen Plastiksegmenten bestückte Decke. Aber der Blick auf die Tafel am Eingang zeigt, dass das Gebäude nun gänzlich anders genutzt wird als noch in den frühen 90ern. Verschiedenste Büros haben sich hier niedergelassen.

Der Grund für den Auszug der Tageszeitung aus dem eigenen Gebäude ist ein bizarrer Streit um die Immobilie, der seinen Ursprung im Jahre 1965 hat. Da nämlich wurde der Bau eines zentralen Pressegebäudes mit Großdruckerei in Ostberlin beschlossen. Auserkoren wurde ein altes Bahngelände, auf dem 1969-1971 eine der leistungsstärksten Druckereien Europas entstand. Die Druckerei, jetzt stillgelegt, ist hinter dem Verwaltungshaus immer noch sichtbar.

Nach der Wende verlangte die Deutsche Bahn das Grundstück zurück. Es wurde ihr auch zugesprochen, nicht jedoch das darauf stehende ND-Gebäude. Bis die Parteien sich über die weitere Nutzung geeinigt haben, verwaltet eine Grundstücksgesellschaft das Haus.

Die Einrichtung der Räume wurde bis auf wenige Ausnahmen dem heutigen Geschmack angepasst. Flure und Aufgänge bewahren allerdings noch viel vom realsozialistischen Ambiente. An den Decken prangt noch die weiße Original-Plastikverzierung. Durch Glastüren kann man im ersten Stock die heute geschlossene Kantine bewundern.

U5 und Bahnhof Tierpark

U 5 von Alexander-
platz bis Hönow

1. Bauabschnitt
Friedrichsfelde
bis Tierpark
(eine Station,
unterirdisch)
1969–1973

2. Bauabschnitt
Tierpark bis Hönow
(neun Stationen,
oberirdisch)
1985–1987

Die U-Bahnlinie 5 (früher Linie E), ist älter als die DDR und existierte bereits zu Zeiten der Weimarer Republik. Damals endete sie allerdings am Bahnhof Friedrichsfelde. Der Besucherstrom zum beliebten Berliner Tierpark (▶ S. 100) machte dann die Erweiterungen der Strecke um eine Station notwendig. Sie begann 1969 und dauerte vier Jahre, ein Tunnelbrand verzögerte die Fertigstellung.

Noch heute beeindruckt der gelungene U-Bahnhof am Tierpark den Besucher. Die ungewöhnlich hohe Decke (sie ist doppelt so hoch wie die der meisten U-Bahnhöfe dieser Linie) ruht auf 42 quadratischen Säulen mit türkisen Kacheln. Elegante halbkugelförmige Lampen erleuchten den Bahnsteig. Im Zentrum der Halle ruht hoch über den Köpfen der Wartenden auf vier Metallsäulen eine mit Aluminium überzogene Überwachungskanzel. Hier kommt man ins Grübeln: Wie gelangen die U-Bahn-Angestellten dort hinauf? Nirgendwo ist ein Zugang zu sehen.

Die dem Tierpark-Eingang zugewandte Seite ist imposanter gestaltet als die gegenüberliegende. Eine große Treppe führt auf ein farbenfrohes Wandmosaik zu, das von einer riesigen Sonne beherrscht wird. Die um das Gestirn gruppierten Tiere stimmen auf den Besuch des Parks ein.

Der Abschnitt vom Tierpark bis nach Hönow ist erst Mitte der 80er Jahre gebaut worden, um eine Anbindung an die immer schneller wachsenden Plattenbausiedlungen rund um Hellersdorf zu schaffen. Die Bahn fährt hier meist oberirdisch, so kann man ab Kaulsdorf-Nord die Siedlungen gut in Augenschein nehmen. Die Bahnhöfe sind hier unspektakulär: Ein schlichtes T-Dach auf Stahlträgern, ein Abfertigungshäuschen, steinerne Zugänge an den Bahnsteig-Enden, das ist meist alles.

Am Tierpark 125
Ⓤ Tierpark

eröffnet 1955
Alfred-Brehm-Haus
1956–1963

Architekt
Heinz Graffunder

Tierpark
Berlin-Friedrichsfelde
Öffnungszeiten:
Apr.–Sept. 9–18 Uhr
März, Okt. 9–17 Uhr
Nov.–Feb. 9–16 Uhr

Eintrittspreise:
9 € Erwachsene
7 € Studenten, Berufs-
schüler, Arbeitslose, Zivil-
und Wehrdienstleistende
4,50 € Kinder, Schüler,
Sozialhilfeempfänger,
Schwerbehinderte

☎ (0 30) 51 53 11 23
www.tierpark-berlin.de

Tierpark Berlin-Friedrichsfelde

Von den stolzen Eintrittspreisen sollte man sich nicht abschrecken lassen, der Besuch des Tierparks ist es allemal wert. Zumal sich hier ein Stück Baugeschichte der DDR in grüner Umgebung studieren lässt. Hat man den Eingang passiert, breitet sich der 160 ha große Park weiträumig vor dem Besucher aus und drängt die eben noch alles beherrschende Plattenbaulandschaft der Umgebung in den Hintergrund. 1955 wurde der im 19. Jh. von Peter Joseph Lenné gestaltete Friedrichsfelder Schlosspark – samt dazugehörigem Schloss – zum Tierpark Berlin-Friedrichsfelde.

Der Park war ein gefeiertes Bravourstück des Nationalen Aufbauwerks, mit dem die DDR-Regierung 1952 die Bevölkerung zum Neuaufbau des kriegszerstörten Berlins aufgerufen hatte. Die Ost-Berliner legten auch hier selbst Hand an und unterstützten den Aufbau mit Spenden. Schließlich brauchte Ost-Berlin einen eigenen Tierpark, denn der alte Berliner Zoo lag ja nun auf West-Berliner Seite. Es herrschte Kalter Krieg und da war auch ein eigener Tierpark im Wettstreit mit dem westlichen System von Bedeutung.

In der weitläufigen Parkanlage setzte dann bald der republikbekannte Leiter Prof. Dr. Dr. Dathe im großen Stil die Idee des Landschaftszoos um: mit naturnaher und artgerechter Tierhaltung, großzügigen Freisichtanlagen und möglichst ohne Gitter. Heute sind in diesen Wäldern, Wiesen und Gewässern ca. 10 000 Tiere von über 1000 Arten zu sehen, womit der Tierpark zu einem der größten der Welt gehört – und unermüdlich mit dem West-Berliner Zoo um die Besucher buhlt.

Vielleicht gehört es ja auch zum Konzept der Naturnähe, dass die Tierhäuser in ihrer Erscheinung gern ein wenig ihren Bewohnern nacheifern. Die elefantengraue Plattenburg des Dickhäuterhauses beispielsweise geriet selbst mindestens so schwerfällig wie die Nashörner, die hier leben. Der Umstand, dass es 1989 als eines der letzten Repräsentationsgebäude der DDR entstand, mag dazu beigetragen haben: das Haus scheint auch den verpanzerten, unbeweglichen Staatsapparat abzubilden, zu dem die DDR an ihrem Ende geworden war.

Beim Entwurf des Alfred-Brehm-Hauses von 1956 hatte der Architekt Heinz Graffunder wohl die Dynamik von Großkatzen und die Eleganz von tropischen Vögeln im Sinn. Das Gebäude im Südosten des Tierparks wirkt mit seiner Überdachung aus schalenrohen Stahlverbunddecken hell und leicht. Wie Flügel schwingen die Seitentrakte des Alfred-Brehm-Hauses in sanften Bögen zur Seite. Hier befinden sich die Gehege etlicher Tigerarten. Über hohe Schaufenster öffnen sie sich auch nach außen, so dass die Tiere von beiden Seiten zu beobachten sind. Zwischen den Gehegen dösen ganz im Sinne des Namensgebers Alfred Brehm, der sich für eine möglichst naturnahe Unterbringung der Tiere einsetzte, die Löwen auf Imitationen von afrikanischen Steppenfelsen vor sich hin.

Geschützt gegen deren Raubkatzenduft liegt im Zentrum des Gebäudes eine Glashalle. Mit filigraner Leichtigkeit spannt sie sich über ein verästeltes Stahlgerüst. Mit 5300 qm Fläche und 16 m Höhe schenkt die Tropenhalle so den hier ansässigen Vögeln und Flughunden ein beeindruckende Kulisse. Inmitten wuchernder Pflanzen und in tropischem Feuchtklima kann man ihre Flugmanöver beobachten.

Badezeiten Dickhäuterhaus
Nov.–März Sa/So zwischen 15 und 15.30 Uhr

Fütterung im Alfred-Brehm-Haus
Tgl. ca. 15 Uhr außer Freitag (Fastentag)

Nalepa-
straße 10–50
Tram 21 Köpenicker
Chaussee / Block-
dammweg

1951–1956

Architekt
Franz Ehrlich

Spreefahrten mit Blick
auf das Rundfunk-
zentrum ab Treptower
Park:
Stern und Kreisschiffahrt
☎ (0 30) 53 63 60-0
www.sternundkreis.de

Rundfunkzentrum Nalepastraße

An der Rummelsburger Landstraße, am Rand von
Oberschöneweide, ragt ein verfallener Plattenbau
hinter einem Zaun auf. Das Wort „RUNDFUNK" auf
dem Dach ist noch lesbar, „DER DDR" wurde von den
neuen Grundstücksbesitzern sorgfältig abmontiert.

Das Herzstück des Komplexes aber liegt hinter
dem Plattenbau: das Gebäudeensemble des Bau-
hausschülers Franz Ehrlich. Es ist von der Spree
aus, vielleicht bei einer Dampferfahrt, viel besser
zu sehen als von der Straße. Deutlich erkennt man
einen langgestreckten roten Ziegelbau mit einem 9-
geschossigen Turmhaus am Ende.

Gleich daneben stehen die zwei gewaltigen kas-
tenförmigen Sendesäle, die durch einen halbkreisför-
mig geschwungenen Trakt miteinander verbunden
sind. Neben den legendären Hörspielstudios und
Sendesälen gab es einen Kindergarten, eine Klinik,
Geschäfte und Sitzungsräume, sogar einen mehr-
stöckigen Gebäudetrakt, der ausschließlich für die
gastronomische Versorgung der Mitarbeiter bestimmt
war.

Von der Nalepastraße aus sendete seit den 50er
Jahren der zentrale Rundfunk Ostdeutschlands mit
den Hauptsendern „Stimme der DDR", „Berliner
Rundfunk", „Radio DDR1 und 2". Legendäre Sendun-
gen wie „Helgas Toppmusike" oder „Spaß am Spaß"
wurden von hier ausgestrahlt. Auch der republik-
kannte Jugendsender DT 64 war hier untergebracht.

Als 1951 mit dem Aufbau des Rundfunk-En-
sembles begonnen wurde, nutzte man auch die
unzerstörten Reste einer alten Fabrik. Der Architekt
Ehrlich ließ die alten Fabrikhallen umbauen und
erweiterten. Im fünften und letzten Stockwerk des
Ziegelbaus sitzt heute die Firma NLG, die das gesam-

te Grundstück verwaltet. Der Chef residiert in einem Büro mit originalem DDR-Interieur. Wandvertäfelungen, Stühle, Tische, Uhren zeugen von einer Epoche, als die DDR noch erstaunlichen Geschmack bei der Innenausstattung von Funktionsgebäuden walten ließ. Das Schmuckstück der Etage ist der denkmalgeschützte Partei-Sitzungssaal mit einem endlos langen, ovalen Tisch, der eher an eine Artus-Tafelrunde denken lässt als an diskutierende Genossen.

Ein architektonisches und technisches Wunder ist der gegenüberliegende Gebäudetrakt mit dem kleinen und großen Sendesaal und den Hörspielstudios. Äußerlich erinnern die klaren Formen deutlich an die Bauhaus-Architekten. Der halbrunde Verbindungstrakt zwischen den Saalbauten erinnert an Poelzigs Haus des Rundfunks in der Masurenallee. Kein Wunder, Franz Ehrlich assistierte seinem Lehrer Poelzig in den frühen 30er Jahren beim Bau jenes Hauses.

Ehrlichs Ausstattung des neuen Rundfunkzentrums allerdings übertrifft an Opulenz und Raffinesse alles, was Poelzigs Vorbild zu bieten hatte. Stolz präsentieren sich hier kühn geschwungene Wendeltreppen, Böden aus Marmor, warme Holzvertäfelungen, gewaltige Säulen mit phantasievollen Verzierungen. Man nahm sogar einige spleenige Ideen des Architekten hin, wie etwa die Orgel im großen Sendesaal, deren dunkelbraune Pfeifen Zigarillos nachempfunden sind. Und bis heute weiß niemand, was Ehrlich sich dabei gedacht hat, bourbonische Lilien als Schmuckmotiv im ganzen Gebäudekomplex zu verwenden. Dafür bekam die DDR aber einen der technisch ausgeklügelsten Sendesäle der Welt. Der gesamte Saal wurde innerhalb des Hauses losgelöst von den tragenden Wänden aufgehängt und so gut isoliert, dass selbst ein tief über dem Gebäude fliegendes Flugzeug nicht hörbar ist. Akustisch ist er perfekt austariert und gehört zu den Lieblingseinspielungssälen Daniel Barenboims, der oft mit der Berliner Staatskapelle hier herkommt, um CDs aufzunehmen.

1946–1949

Entwurf
Jakow F. Belopolsky
und Kollektiv

Figur des Soldaten
Jewgeni Wutsche-
titsch

Sowjetisches Ehrenmal in Berlin-Treptow

Es ist schwer, sich der Aura dieser Gedenkstätte zu entziehen. Den monumentalen Komplex betritt man durch ein Portal mit gesenkten steinernen Fahnen. Von dort blickt der eingeschüchterte Besucher auf ein riesiges Plateau, dessen gegenüberliegendes Ende mit einem Grabhügel abschließt. Eigentlich ist „Hügel" eine Untertreibung: Auf dieser berühmten, unzählige Male fotografierten Anhöhe erblickt man einen weißen mausoläumsähnlichen Aufbau, und darauf steht sie, die legendäre Statue eines Rotarmisten mit gesenktem Schwert. Der Soldat kommt als Befreier, als Bote neuen Lebens, der den Tod besiegt hat - das soll das Kind auf dem Arm und das zerschmetterte Hakenkreuz am Fuß des Kriegers symbolisieren. Die Bronzefigur wurde von Jewgeni Wutschetitsch geschaffen, der selbst als Hauptmann in der Roten Armee gegen die Nazis kämpfte.

Die Gedenkstätte ist aber nicht nur eine Anlage, die voller offener und versteckter symbolischer Anspielungen steckt. Sie ist auch ein richtiger Friedhof von beträchtlichen Ausmaßen. Auf dem 500 m langen und 200 m breiten Gelände sind ca. 5000 russische Soldaten bestattet, die beim Kampf um Berlin 1945 den Tod fanden.

Gleich nach dem Krieg stand für die russische Militärführung fest: Hier, in Treptow, ist der beste Platz für eine dem heroischen Sieg angemessene Gedenkanlage. Schon 1946 wurde ein Wettbewerb für die Gestaltung ausgeschrieben, an dem sich über 50 internationale Architekten und Kollektive beteiligten. Der Vorschlag eines sowjetischen Kollektivs um den Architekten Jakow S. Belopolsky fand die größte Zustimmung. Nur drei Jahre nach Baubeginn, 1949, wurde die Anlage feierlich eingeweiht.

Ein großer Teil des verwendeten Materials stammt (wie übrigens auch beim Sowjetischen Ehrenmal im Tiergarten, ▸ S. 42) aus den Trümmern der gesprengten Reichskanzlei Adolf Hitlers. Dahinter steckt natürlich die Idee, die Siegestrophäen nun für eigene Zwecke einzusetzen.

Eine sitzende Frauenskulptur am Eingangsportal stellt die mythische „Mutter Heimat" der Sowjetarmisten dar (Das Wort für Heimat, „Rodina", ist auch im Russischen weiblich). An den Längsflanken des Denkmals ragen je acht bebilderte Reliefplatten aus Kalkstein auf – Symbole der 16 Sowjetrepubliken.

Wer Zeit mitbringt, kann noch eine Menge weiterer interessanter Details entdecken, wie etwa ein Einzelgrab, in dem ein einfacher Soldat, ein Unteroffizier, ein Offizier und ein General bestattet wurden. Damit wollte man die Solidarität in der Armee betonen. Aber natürlich lässt das Grab auch eine andere, christliche Deutung zu: Im Tod sind alle gleich.

Über eine Treppe, die den Grabhügel hinaufführt, kann man das Mausoleum, auf dem der Soldat steht, betreten. Innen befinden sich Mosaike mit trauernden Sowjetbürgern aus verschiedenen Landesteilen.

Um die zentrale Figur, den Soldaten mit dem Kind, ranken sich viele Legenden. Mindestens vier verschiedene Soldaten könnten als Kinder rettende Helden zur Vorlage gedient haben. Doch nach einem Bericht der „Jungen Welt" vom Februar 2002 lässt sich belegen, dass es zwar einige Soldaten gab, die unter Lebensgefahr im umkämpften Berlin ein Mädchen vor dem Tod bewahrt haben. Konkretes künstlerisches Modell war aber wahrscheinlich der Sergeant Iwan Odartschenko, der selbst keine solche Heldentat vollbracht hat. Anfang der 60er Jahre gab es in der DDR auch eine Suche nach dem dargestellten Mädchen, die allerdings erfolglos blieb.

Bis heute werden am 8. Mai, dem Tag der Kapitulation Hitlerdeutschlands, am Ehrenmal Kränze und Blumen niedergelegt.

An der Wuhl-
heide 197
Ⓢ Wuhlheide
🚋 26, 61, 67
Freizeit- und Erho-
lungszentrum

1976–1979

Achitekten
Günther Stahn,
Erhardt Gißke

Landschaftplanung
Reinhold Lingner

**Freizeit- und Erholungs-
zentrum Wuhlheide
(FEZ)**
Di–Fr 9–22 Uhr
Sa 13–18 Uhr
So 10–18 Uhr
in den Sommerferien:
Di–Fr 11–18 Uhr
alle anderen Ferien:
Di–Fr 10–17 Uhr
Sa/So wie außerhalb
der Ferien
Anmeldung / Info:
☎ (0 30) 53 07 12 50
www.fez-berlin.de

FREIZEIT- UND ERHOLUNGSZENTRUM (FEZ)

Pionierpalast und Pionier-park „Ernst Thälmann"

Folgt man nach dem Betreten des Parks dem Kin-
dergeschrei, gelangt man bald auf einen typischen
DDR-Spielplatz, zu erkennen an den mosaikverzier-
ten Skulpturen. Durch ihre kräftigen, unverblassten
Farben wirken sie so, als hätte man sie erst gestern
zusammengepuzzelt.

Dahinter erhebt sich der Pionierpalast, ein drei-
geschossiges, massiges Gebäude mit einer dunkel-
braunen Holzverschalung, die dem Haus wohl einen
edlen rustikalen Anstrich verleihen soll. Dieser Palast
gehörte zu den aufwändigsten Amüsierzentren Ost-
Berlins. Drei Jahre wurde an ihm gebaut, Architekt
war Palastspezialist Erhardt Gißke, der auch maßgeb-
lich am Bau des Palastes der Republik (▸ S. 28) und
später an der Neuerrichtung des Friedrichstadtpalastes (▸ S. 44) beteiligt war. Im Herbst 1979 wurde der
Pionierpalast feierlich eröffnet.

Ein Palast für Pioniere? Das Wort ist keine mi-
litärische Rangbezeichnung, sondern meint die
Kinderorganisation der DDR, die in den Kindern die
„Repräsentanten der Zukunft", also „Pioniere der
Menschheit" sah. Fast alle Schüler des Landes waren hier Mitglied, bevor sie mit 14 Jahren in die FDJ
(Freie Deutsche Jugend) eintraten. Die Pionierorgani-
sation „Ernst Thälmann" organisierte nach sowjetischem Vorbild nicht nur zahlreiche Veranstaltungen
für Kinder, sondern ihr gehörten auch unzählige
Freizeitzentren. Diese „Pionierhäuser" gab es in fast
jeder Stadt. Berlin wollte natürlich auch hier Vorreiter sein und das größte, schönste und modernste
dieser Häuser besitzen.

Die Haupthalle des Gebäudes wird beherrscht von
einer ausladenden Treppe, die mit breiten, flachen
Stufen im schwungvollen Halbkreis in den zweiten

Stock führt. Sie erinnert an die breiten Revuetreppen, wie man sie aus Musicalfilmen kennt.

Verblüffend, wie viele Räumlichkeiten in diesen (von außen recht flach wirkenden) Bau hineinpassen: ein Restaurant (zur Zeit leider geschlossen), eine Imbiss-Bar, eine Schwimmhalle, drei Säle mit insgesamt fast 1000 Sitzplätzen (von denen einer heute ein Kinderkino ist) und 40 Räume, die Schulzimmer ähneln. In der zweiten Etage kann man ein farbenfrohes Mosaik bewundern, das Kindern in einfacher Weise den Triumph wissenschaftlicher Forschung versinnbildlichen soll: Schiffe loten mit dünnen Strahlen die Geheimnisse des Erdinnern aus. Platziert wurde das Mosaik geschickt über einer hinabführenden Treppe, so dass das dargestellte Erdinnere sehr realistisch im unteren Geschoss verschwindet.

Eine der größten Attraktionen im Palast ist die Raumstation Orbitall, in der Raumflüge für Kinder simuliert werden. Sie ist ein Modell der Internationalen Raumstation ISS und wurde erst kürzlich umgebaut. 15 kleine Kosmonauten finden dort Platz, eine Reise dauert ca. 17 Minuten.

Heute haben auch die Jugend-Technik-Schule und die Landesmusikschule ihren Sitz im Palast. Ansonsten hat das Gelände seine alte Funktion behalten. Es heißt nun Freizeit- und Erholungszentrum Wuhlheide und wird von einer gemeinnützigen Betriebsgesellschaft geleitet. Die hat sich bisher sehr einfallsreich gezeigt, besonders im Organisieren von Ferienveranstaltungen für Kinder. Das Haus kann man übrigens gratis besuchen, außer an manchen Wochenenden, an denen größere Veranstaltungen stattfinden. Während der regulären Öffnungszeiten ist auch eine Bistro-Bar geöffnet.

In der Umgebung des Pionierpalastes ist ebenfalls noch viel zu sehen: Neben den Anlagen der ehemaligen Pioniereisenbahn lassen sich interessante Skulpturen, ein Krötenbecken, ausgefallene Spielplätze, eine Freilichtbühne, ein Miniaturschiff und vieles andere mehr entdecken.

Die ehemalige **Pioniereisenbahn** führt 7 km lang durch die weiträumige Parklandschaft und hält an verschiedenen Stationen und Spielplätzen. Betrieben wurde und wird sie von Kindern für Kinder – natürlich unter Aufsicht von Erwachsenen.

Alle halbe Stunde fährt der Zug an Sommertagen vom Mittag bis zum späten Nachmittag. Karten bekommt man am Häuschen direkt neben dem Haupteingang an der Rummelsburger Straße.

www.parkeisenbahn.de

1.Bauabschnitt
1958/1959
Leitung
Erhardt Gißke,
Josef Kaiser

2. Bauabschnitt
1967/1968
Leitung
Heinz Willumat,
Lothar Arzt

Heinrich-Heine-Viertel

Steigt man am U-Bahnhof Heinrich-Heine-Straße aus, bietet sich ein Bild, wie es zunächst für viele DDR-Großsiedlungen typisch ist. Längs der Heinrich-Heine-Straße stehen Plattenbauten aus verschiedenen Bauepochen. An der Ecke zur Köpenicker Straße thront sogar ein Mammutbau: Neun Stockwerke hoch zieht sich der Wohnblock ca. 270 m an der Köpenicker Straße entlang. Seine Fassade wird durch keinerlei Gliederung oder Verbindungselemente unterbrochen. Hier, in der ehemaligen Luisenstadt, wurden Prototypen der DDR-Wohnsiedlung gebaut.

Der Neuaufbau des Viertels begann 1958 nach Plänen der Architekten Erhardt Gißke und Josef Kaiser. Zunächst wurden in der Nähe der Kreuzung Annenstraße/Neue Jakobstraße vierstöckige Wohnblocks in Ziegelbauweise erstellt. Zwischen den Blocks legte man großzügige Grünflächen an. Die Bauten erinnern an die von Scharoun geplanten Siedlungsbauten an der Weberwiese (▸ S. 52). Heute sind sie saniert und bunter als ursprünglich gestaltet.

Ende der 60er Jahre begann eine neue Bauphase, in der die großen, bis zu 10-geschossigen Plattenbauten entstanden. Dabei bemühten sich die Städteplaner, die erhaltene Altbausubstanz des Viertels in die neue Planung einzubeziehen. Am originellsten ist das wohl an der Ecke Köpenicker Straße/Neue Jakobstraße gelungen. Dort wurde der Rest einer alten Filiale der Luisenstädtischen Bank restauriert und zwischen zwei Plattenbauten eingefasst. An einigen Stellen, wie an der Köpenicker Straße, errichtete man die später nachgebauten Prototypen der quadratischen Wohnhaus-Komplexe, die einen grünen Innenhof mit Kindereinrichtungen und Spielplätzen einschließen. So entstanden abseits vom Autoverkehr kleine Oasen für die Bewohner und ihre Kinder.

Anhang

Abgerissene Objekte

Hier sollen zumindest noch einige DDR-Bauten genannt werden, die inzwischen abgerissen worden
sind. Nicht alle fielen der Abriss- und Bauwut der
Nachwendezeit zum Opfer. Auch zu DDR-Zeiten ist
schon das eine oder andere Gebäude wieder abgetragen worden.

Nah an der Mauer im Zentrum von Ost-Berlin
befand sich das **Stadion der Weltjugend** an der
Chausseestraße 97. Nach Plänen von Selman Selmanagic und Reinhold Lingner entstanden, wurde es
1950 zunächst als „Walter-Ulbricht-Stadion" eingeweiht. Die weiträumige Anlage strahlte Leichtigkeit
und Eleganz aus: weißverputzte, flache Gebäude,
weiße Fahnenstangen, Geländer und Sitzflächen.
Standhaft hielten sie die Bauhaus-Tradition hoch,
die in der DDR in diesen Jahren geächtet wurde.

Am 17. Juni 1953 ließen die revoltierenden Arbeiter auch hier auf der „Zickenwiese" – so wurde
die Stadionwiese nach Walter Ulbrichts Spitzbart
genannt – ihre Wut an Schriftzügen und Emblemen
des verhassten Staates aus. 20 Jahre später wurde
die Anlage in „Stadion der Weltjugend" umbenannt.
Mit einer Gesamtfläche von 131 000 qm und rund
50 000 Zuschauerplätzen war es die größte Sport-
stätte in Ost-Berlin. Neben Turnfesten und dem jähr-
lichen Fußball-Endspiel um den FDGB-Pokal wurden
hier auch politische Großveranstaltungen begangen.

Der Abriss des Stadions war eine unrühmliche
Geschichte. Berlin wollte als Ausrichter der Olym-
pischen Spiele 2000 kandidieren und dafür auf
dem Boden des Stadions eine Olympiahalle bauen.
Der Berliner Senat versprach die Halle sogar dann
zu bauen, wenn Berlin den Zuschlag für die Spiele
nicht erhalten sollte. Also wurde 1992 das Stadion

kurz entschlossen für ganze 35 Mio. DM abgerissen. Doch Berlin wurde nicht Olympiastadt und ein neues Stadion ist bisher auch nicht in Sicht.

Für kurze 20 Jahre stand an der Stalin-, später Karl-Marx-Allee 78-83 in Friedrichshain die **Deutsche Sporthalle**. Richard Paulick musste sie 1951 in knapp vier Monaten hochziehen, denn die „III. Weltfestspiele der Jugend und Studenten für den Frieden" standen vor der Tür und hatten noch keine angemessene Spielstätte. Das monumentale Gebäude mit der ovalen Halle und 1000 qm Spielfläche war eine Hommage an die antiken Sportarenen. Paulick, eigentlich ein Vertreter der Neuen Sachlichkeit, hatte sich dabei den Vorstellungen des stalinistischen Bauens beugen müssen. Hohe Säulen, eine Travertinfassade und eine breite Treppe schmückten das Portal.

Doch das mächtige Gebäude war weniger robust als es aussah: man erkannte bald, dass bei der Planung und Ausführung Fehler gemacht worden waren, so stimmten z. B. die Maße der Wettkampfflächen nicht mit den internationalen Bestimmungen überein stimmten. Als das Gebäude 1971 einzustürzen drohte, sprengte man es kurzerhand.

Zur gleichen Zeit wie die Sporthalle wurde gegenüber eines der ersten **Stalin-Denkmal**e in Berlin gebaut. Noch bevor das erste Haus der projektierten Stalinallee fertig war, wurde am 3. August 1951 an der heutigen Nummer 70e das Denkmal für den Diktator enthüllt. Zwei Tage später wurden zu seinen Füßen die „III. Weltfestspiele der Jugend und Studenten" eingeläutet. Trotz seiner Überlebensgröße wirkte das Denkmal von Nikolai Tomski (auch Lenindenkmal am Leninplatz, ▸ S. 74) aber verhältnismäßig freundlich.

Mit dem XX. Parteitag der KPdSU 1956 begann die Kritik an Stalin und seiner Politik, 1961 wurde er auch in der DDR endgültig zur Unperson. Seine zahlreichen Büsten und Statuen wurden abgebaut,

**Ministerium für
Auswärtige Angelegenheiten**

darunter auch das Denkmal an der Stalinallee, die
nun Karl-Marx-Allee genannt wurde.

Erst Mitte der 60er Jahre wurde das vielbefahrene
Areal an der Ecke Unter den Linden/Friedrichstraße
wieder bebaut. An die nordöstliche Ecke kam nun
das Hotel „Unter den Linden" (▶ S. 32). An der südöstlichen Seite gegenüber entstand das fünfgeschossige **Lindencorso** nach einem Entwurf von Werner
Strassenmeier und seinem Kollektiv. Dem Gaststätten- und Bürokomplex war eine Terrasse vorgelagert. Im Lindencorso konnte man im reduzierten
Ambiente der 50er und 60er Jahre Café und Wein
trinken oder in der Bar mit der langen Theke stilvoll
die Nacht verbringen. Im April 1993 wurde der Lindencorso abgerissen, um unter gleichem Namen ein
neues Geschäfts- und Wohngebäude zu errichten.

Zu DDR-Zeiten befand sich auf der Freifläche vor
dem Schlossplatz, auf der westlichen Seite der Spree,
das **Ministerium für Auswärtige Angelegenheiten** der DDR (MfAA). Im Jahre 1967 entstanden, gehörte es zu den zentralen Bauten der DDR-Moderne.
1995 wurde das Außenministerium abgerissen, da
auf seinem Grundstück die Schinkelsche Bauakademie rekonstruiert werden sollte. Doch bislang konnten sich dafür keine Investoren finden lassen.

Die **Gaststätte Ahornblatt** an der Gertraudenstraße/Ecke Fischerinsel war eines der gelungensten
Bauwerke der DDR-Moderne in Berlin. 1971–1973
von Ulrich Müther, Helmut Stingl und Gerhard Lehmann erbaut, wurde das Gebäude zu DDR-Zeiten als
Kantine des Bauministeriums der DDR genutzt.
Die schwungvolle Dachkonstruktion wurde aus
doppelt gebogenen Schalenbauteilen gefertigt, deren
sternförmige Anordnung an ein Ahornblatt erinnerte.
Beim Schalenbau werden biegsame Gitter mit Spritzbeton aufgefüllt und können dann – ohne Mauerwerk und Fertigplatten – zu schwebenden Dächern

montiert werden. Das Verfahren ist teuer und kompliziert und jedes so errichtete Gebäude ein Einzelstück. Ulrich Müther hatte dieser Technik in der DDR zu einer besonders eleganten Ausprägung verholfen, er entwarf Pavillons für Restaurants, Schwimm- und Messehallen und konnte seine Schalenbauten sogar ins Ausland exportieren.

Bis in die 90er Jahre hinein war der Bau als Diskothek und Restaurant in Betrieb. Trotz des heftigen Protestes von Architekten und Bürgerinitiativen musste das denkmalgeschützte Gebäude 2000 einem Hotelneubau Platz machen. Wer sich trotzdem einen Schalenbau von Ulrich Müther ansehen möchte, der kann das Restaurant „Seerose" in Potsdam besuchen – das Lokal von 1980 hat die Form einer Blüte.

Ein wenig weiter nördlich des Ahornblattes wurde 1979 von Ferenc Kiss, Jerzy Karon und Walter Bauer in schwedisch-deutscher Koproduktion das **Palasthotel** gebaut. Es befand sich schräg gegenüber des Palastes der Republik an der Karl-Liebknecht-Straße/Ecke Spandauer Straße, wo heute das „DomAquaree" steht. Das Palasthotel verkörperte ein Stück Westen im Osten. Hier gab es freundliche Kellner, westliche Zeitungen und überhaupt vieles, was sonst in der DDR nicht zu kriegen war – wenn man in D-Mark, Dollar oder einer anderen harten Währung zahlen konnte. Bürger aus der DDR wohnten hier nur, wenn sie eine wichtige Rolle in der Partei oder im Geheimdienst spielten oder Prominente waren.

Die 600 Zimmer, 26 Suiten, 12 Bankett- und Konferenzräume und das Auditorium wurden 1992–1994 renoviert. Für kurze Zeit war es das „Radisson SAS Hotel Berlin". Noch im gleichen Jahr kaufte die Deutsche Immobilien Fonds AG (DIFA) das Grundstück und ließ im Jahr 2000 das völlig intakte Hotel abreißen. Das „DomAquaree", das an seiner Stelle bald die Pforten öffnet, wird der Stadt nun noch mehr Büros schenken, daneben Lokale, Eigentumswohnungen, eine Tagesklinik und ein neues „RadissonHotel".

BERLIN, HAUPTSTADT DER DDR

Eine kurze Baugeschichte

Noch während des II. Weltkriegs, im September 1944, hatten die alliierten Siegermächte das einstige Deutsche Reich und die „Reichshauptstadt Berlin" in vier Sektoren aufgeteilt.

Diese vier Sektoren gruppierten sich bald zu zwei politischen Lagern und schufen damit die Ausgangsbasis für den Kalten Krieg: der amerikanische, französische und britische Sektor bildeten zusammen die Westzone, der sowjetische Sektor vertrat die Ostzone. 1949 entstand aus der Westzone die Bundesrepublik Deutschland (BRD). Daraufhin wurde auf dem Gebiet der Sowjetischen Besatzungszone Deutschlands (SBZ) die Deutsche Demokratische Republik (DDR) gegründet. Berlin West, das nun von der DDR umschlossen war, blieb dabei als eine von der Bundesrepublik weitgehend unabhängige Enklave bestehen und wurde weiterhin offiziell von den West-Alliierten verwaltet. So wurde nicht ganz Berlin, sondern nur die sowjetisch besetzte Zone zur Hauptstadt der DDR. Mit einer Fläche von 403 qkm umfasste sie auch Berlins historische Mitte. In Berlin Ost hatte die Regierung der DDR ihren Sitz, hier arbeiteten die zentralen Leitungen der Massenorganisationen und die diplomatischen und ökonomischen Vertretungen.

1945–1949
Die ersten Aufbaupläne

Im II. Weltkrieg waren in Berlin ca. 43 % der Wohngebäude zerstört oder beschädigt worden. In den unmittelbaren Nachkriegsjahren war man daher vor allem damit beschäftigt, die Trümmer wegzuräumen und die weniger beschädigten Häuser wieder bewohnbar zu machen. Zugleich arbeitete eine Gruppe von Architekten und Stadtplanern, die gleich nach Kriegsende von der sowjetischen Militärverwaltung eingesetzt worden war, an einem Aufbau Berlins nach gänzlich neuem Konzept. Die

Vorschläge des Kollektivs (Hans Scharoun, Wils Ebert, Reinhold Lingner, Luise Seitz, Peter Friedrich, Ludmilla Herzenstein, Selman Selmanagic und Herbert Weinberger) wurden 1946 im Weißen Saal des alten Stadtschlosses der Öffentlichkeit präsentiert: Das, was vom alten Berlin mit seinen beschädigten Gründerzeitbauten noch übrig geblieben war, sollte abgetragen werden. Dafür wollte man ein neues Berlin mit weitläufigen Siedlungsinseln entstehen lassen, die nach Funktionen geordnet, von Grün umgeben und mit einem weitmaschigen Verkehrsnetz verbunden sein sollten: statt dunkler Mietskasernen eine moderne, lichte Gartenstadt.

Doch als sich 1949 der Kalte Krieg abzuzeichnen begann und die Regierung der DDR eingesetzt wurde, kam es zu einem Bruch in den Aufbauplänen für Berlin: im Osten der Stadt diktierte von nun an das Ministerium für Aufbau, wie und was neu gebaut oder wiederhergestellt wurde. Moderne Architektur wurde nach den Direktiven der UdSSR zum Feindbild erklärt und die bislang relativ freie Arbeit der Architekten und Stadtplaner war von nun an streng reglementiert. Die einzigen Zeugnisse der ersten Aufbaupläne des Kollektivs um Hans Scharoun blieben daher die **Laubenganghäuser** an der Karl-Marx-Allee (▶ S. 50).

Die neuen Machthaber der DDR waren erst ein Jahr im Amt, als sie das im Krieg beschädigte Hohenzollernschloss sprengten – das Symbol der Monarchie sollte Platz machen für ein neues, sozialistisches Stadtzentrum. An der Stelle des Trümmerhaufens entstand nach Moskauer Vorbild wenig später ein überdimensionaler Aufmarschplatz, der Marx-Engels-Platz. Andere kriegsbeschädigte Gebäude in Ost-Berlin, die nicht wie das Schloss ideologisch besetzt waren, wurden allerdings rekonstruiert.

Mit dem Aufbaugesetz von 1950 führte die DDR-Regierung die sozialistische Bodenordnung ein. Mit Baugrund durfte nun nicht mehr frei gehandelt

**1949–1955
Das „Nationale Aufbau-
programm"**

Hochhaus an der
Weberwiese

werden und privater Grundbesitz musste in der Regel
der staatlichen Verwaltung übergeben werden. Das
Gesetz enthielt zudem verbindliche Richtlinien, an
die sich der Wiederaufbau in der ganzen Republik zu
halten hatte. Die politische Pflicht der Architekten in
der DDR war es nun, nach diesen „16 Grundsätzen
des Städtebaus", sozialistische Architektur in „nationalen Bautraditionen" zu entwerfen.

Was das genau heißen sollte, wurde an einem
Lehrbeispiel vorgeführt: als Auftakt für den Wiederaufbau Berlins wurde 1951/1952 das **Hochhaus an
der Weberwiese** nach dem Entwurf von Hermann
Henselmann (▸ S. 52) errichtet. Mit der Aussicht,
bald in solchen Stadtpalästen wohnen zu können,
halfen unzählige Ost-Berliner Bürger beim „Nationalen Aufbauprogramm" mit. Nun entstanden Großbauten, Aufmarschstraßen und Versammlungsplätze
nach sowjetischem Vorbild. Als prominentestes Beispiel wurde die Frankfurter Allee in den frühen 50er
Jahren zu einem 90 m breiten Straßenzug, der neuen
Stalinallee, umgebaut (▸ S. 48). Die Bauten ähnel-
ten in mancher Hinsicht der Architektur der NS-Zeit,
was jedoch mit einem Hinweis auf den selbst be-
scheinigten Antifaschismus abgewehrt wurde.

**1955–1970
Industrialisierung und
DDR-Moderne**

Nach Stalins Tod im Jahre 1953 kam es 1955 in
Moskau und kurz darauf in der DDR abermals zu
einem Kurswechsel. Die internationale Moderne
und die Industrialisierung des Bauens – beides
Strömungen, die seit 1949 aus der DDR verbannt
waren – hielten nun wieder Einzug. Die Wohnhäuser,
die gerade mit großen Mühen in stalinistisch-neo-
klassizistischer Bauweise errichtet worden waren,
galten jetzt als überkommenes Erbe der traditionellen Blockrandbebauung. Außerdem hatten sich
die gemauerten Arbeiterpaläste als schlicht zu teuer
herausgestellt. Stattdessen verlangte der neue Staats-
und Parteichef der UdSSR, Chruschtschow, nun nach
kostengünstigen Typenwohnungen aus industriellen
Fertigbauteilen. Die neuen Leitlinien, mit denen das

Kino International

Wohnungsproblem gelöst werden sollte, hießen modernste Technik, höchste Funktionalität und günstigste Baumethoden.

Die Standardisierung der Wohnungen sollte dabei die Idee sozialer Gleichheit fördern: wenn alle die gleiche Wohnung haben, kann es keine Klassengesellschaft mehr geben – soweit die Idee. Individuelle Bedürfnisse und Besonderheiten fielen dabei aber meist unter den Tisch. Unterschiedliche Lebensräume wie Land und Stadt, Zentrum und Peripherie sollten durch die einheitliche Bebauung einander angeglichen werden.

Mit dem **2. Bauabschnitt** der Stalinallee (▸ S. 62), 1961 in **Karl-Marx-Allee** umbenannt, begann das Wohnungswunder Plattenbau. Erstmals in der DDR wurde im großen Stil der industrielle Wohnungsbau getestet. Die Wohnungen waren zwar kleiner, hatten dafür aber Einbauküchen und komplett ausgestattete Bäder. Nach diesem Vorbild wurden in den Innen- und Außenbezirken Ost-Berlins nun zahlreiche Großsiedlungen errichtet.

Zwischen den freistehenden neuen Wohnblocks der Karl-Marx-Allee entstanden von 1959 bis 1965 gläserne Ladenpavillons und ein fein komponiertes Ensemble: das **Hotel Berolina** (heute Rathaus Mitte, ▸ S. 66), das **Kino International** (▸ S. 64), das **Restaurant Moskau** (▸ S. 70) und die **Mocca-Milch-Eisbar** (▸ S. 69).

Als Höhepunkt des neuen Stadtzentrums wurde der **Alexanderplatz** (▸ S. 8) auf seine vierfache Größe erweitert und gänzlich neu gestaltet. Der Platz sollte die neue gesellschaftliche Ordnung repräsentieren – so entstand hier nun ein kulturelles und soziales Zentrum nach sozialistischem Prinzip. Auf dem weitläufigen Areal wurden zwischen 1964 und 1973 u.a. das **Haus des Lehrers** (▸ S. 18), das **Hotel Stadt Berlin** (▸ S. 12) und das **Centrum-Warenhaus** (▸ S. 10) gebaut. Am Rande des Alexanderplatzes wuchs der **Fernsehturm** (▸ S. 20) 365 m hoch in den Himmel. Nicht weit entfernt entstanden

Palast der Republik

damals auch die **Rathauspassagen** (▸ S. 22) und die Hochhauszeile an der Karl-Liebknecht-Straße.

Unter den Linden wurde in dieser Zeit das **Hotel Unter den Linden** (▸ S. 34), das **Lindencorso** (▸ S. 32) und die Botschaften der VR Polen und Ungarn errichtet. Außerdem wurde am Marx-Engels-Platz das **Staatsratsgebäude** (▸ S. 30) und das **Ministerium für Auswärtige Angelegenheiten** (▸ S. 110) gebaut.

**1970–1989
Wohnungsbau und
Volkspaläste**

Walter Ulbrichts Nachfolger Erich Honecker (seit 1971 Parteichef) gelang es, die Lebensqualität in der DDR merklich zu verbessern. In den 70er und 80er Jahren entstanden in Ost-Berlin neue Großsiedlungen – z. B. in der **Leipziger Straße** (▸ S. 38), am **Fennpfuhl** (▸ S. 96) und in **Marzahn** (▸ S. 94), mit deren Hilfe die Wohnungsnot beseitigt werden sollte. Die Komplexe wurden meist mit öffentlichen Einrichtungen wie Schulen, Sportanlagen, Kaufhallen, Gaststätten, Polikliniken und staatlichen Dienstleistungsgebäuden ausgestattet. Obwohl die Gebäude mit Reliefs und Betonplastiken verziert waren, wirkten die Siedlungen oft eintönig – die Freude an den klaren geometrischen Formen konnte sich in der Realität schnell verflüchtigen. Schlampiges Bauen und schlecht geplante Infrastrukturen waren nicht selten der Preis für die vielen schnell beziehbaren Wohnungen. Die letzten innerstädtischen Plattenbauviertel wurden in den 80ern am **Bersarinplatz** (▸ S. 79) in Friedrichshain und an der **Otto-Grotewohl-Straße** in Mitte (heute Wilhelmstraße ▸ S. 36) errichtet.

1976 wurde an der Ostseite des Marx-Engels-Platzes der **Palast der Republik** (▸ S. 28) als kulturelles und gastronomisches Zentrum eröffnet. Es folgten weitere Paläste für Unterhaltung, Sport und Freizeit: das **Sport-und Erholungszentrum** (SEZ) im Prenzlauer Berg, der **Pionierpalast „Ernst Thälmann"** (FEZ Wuhlheide) und in den 80er Jahren der **Friedrichsstadtpalast** (▸ S. 44).

DDR-Bauten heute

Auf der einen Seite völliges Desinteresse und Ablehnung – auf der anderen Seite die „Ostalgie"-Welle, die die DDR und ihre Erzeugnisse zum Kult erklärt: Zwischen diesen Extremen schwankt auch der Umgang mit dem Bauerbe der DDR.

Inzwischen gilt es wieder als schick, in der ehemaligen Stalinallee zu wohnen. Vor allem unbefangene Zugezogene entdecken die Straße als originelle Lebenskulisse. Die meisten Gebäude in den zahlreichen Großsiedlungen, z. B. in Marzahn, sind nach der Wende renoviert worden. Doch etliche Wohnungen dort stehen leer, und manche Politiker denken laut über den Abriss ganzer Wohnblocks nach.

Auch wurden sehenswerte Gebäude der DDR-Moderne aus den 60er und 70er Jahren aus Profitinteresse abgerissen, wie die **Gaststätte Ahornblatt** an der Gertraudenstraße in Berlin-Mitte (▸ S. 110). Weitere könnten folgen – die Bebauung des Alexanderplatzes etwa sollte nach den Zentrumsplanungen von 1993 ganz aus dem Stadtbild verschwinden – doch noch ist davon nichts umgesetzt. Weil die Gebäude unter dem ideologischen Diktum der DDR entstanden, scheint man sie heute wie schuldfähige Personen mit einem Abriss zu bestrafen.

Doch ein Umdenken zeichnet sich langsam ab, und die Bauten der DDR werden neu entdeckt: den Anfang machte die Berliner Party- und Kunstszene, die nach der Wende in der DDR-Moderne neue Kulträume eroberte. Das Restaurant Moskau in der Karl-Marx-Allee ist trotz seiner ungesicherten Zukunft so wieder zu einer der beliebtesten Nachtadressen geworden. Das Haus des Lehrers am Alexanderplatz wird erhalten bleiben und als Tagungszentrum neu eröffnen. In das ehemalige Staatsratsgebäude am Schlossplatz zieht wahrscheinlich eine private Wirtschaftsuniversität ein. Und dem industriellen Plattenbau, dem bislang am meisten gehassten Produkt der DDR, lässt sich in Quartettspielen und Bastelbögen (▸ S. 126) vollendete Formschönheit abgewinnen.

INDUSTRIELLES BAUEN IN DER DDR

Die „Platte"

Der Bau von Häusern mit Hilfe industriell vorgefertigter Großteile ist keine Erfindung der DDR. Neben anderen Methoden, wie etwa der Skelettbauweise, ist der Plattenbau eine besondere Form des industriellen Bauens.

Die „Platte" wurde schon in den 20er Jahren entwickelt; der erste Berliner Plattenbau von 1927 hat wie durch ein Wunder den Krieg überlebt und steht in der Splanemannstraße in Lichtenberg. Diese Bauweise wurde dann in den 50er Jahren in den westeuropäischen Staaten vorangetrieben, allerdings zunächst vor allem für gewerbliche Bauten. Auch die DDR versuchte bereits in den späten 50ern, daran anzuknüpfen. Man hoffte, schnell und billig Wohnungen errichten zu können, um so die Wohnungsnot zu lindern. Heute kaum noch bekannt ist eine Vorform des Plattenbaus, die Streifenbauweise, mit der in den 50er Jahren einige Serien von Wohnblöcken entstanden.

Erst 1966 wurde die Plattenbauweise in der DDR großflächig eingeführt. In Berlin errichtete man die ersten Bauten dieser Art in der Storkower Straße. Man nannte den Typ P1 (Plattenbau 1). Hier bestand schon ein hoher Prozentsatz aus Fertigteilen, aber erst die Serie P2 wurde ausschließlich aus vorgefertigten Elementen zusammengesetzt. Meist waren diese Gebäude fünf- oder elfgeschossig (Ein Beispiel für einen P2-Elfgeschosser findet sich in der Frankfurter Allee 120). Die Standardabmessungen der Fertigteile betrugen 2,80 m Höhe zu 3,60 m Breite. Diese Maße wurden bis zum Ende der DDR auch bei den nachfolgenden Typen beibehalten.

Der P2 war der unmittelbare Vorläufer des berühmtesten Platten-Wohnbautyps WBS 70 (Wohnungsbauserie 70), der 1973 entwickelt wurde. Er ist in kleineren Variationen auf dem gesamten Territorium der DDR zu finden. In Berlin sieht man ihn in fast allen von uns besprochenen Plattenbauvierteln: in Marzahn, Hellersdorf, im 2. Bauabschnitt der Karl-Marx-Allee und im Heinrich-Heine-Viertel.

Zum Standard aller Plattenbauten gehörten von Anfang an Einbauküchen, vollständig vorgefertigte Bäder, Balkons oder Loggien und bei mehr als sechs Geschossen auch Personenaufzüge.

Natürlich wurde die Plattenbauweise nicht nur für den Wohnungsbau genutzt. In Ost-Berlin entstanden seit 1971 verstärkt Funktionsbauten wie Kindergärten und Kinderkrippen, Turn- und Schwimmhallen, Oberschulen, Kaufhallen, Dienstleistungseinrichtungen, Gaststätten und Kliniken in dieser Bauweise.

Die besondere Aufmerksamkeit galt dabei den „Kinderkombinationen" und Schulen. 1973/74 wurde ein dreigeschossiger Prototyp von kombiniertem Kindergarten und Kinderkrippe entwickelt (Typ 90/180), den man in Ost-Berlin sehr häufig finden kann. Meist sind diese Einrichtungen mit Märchenfiguren, Ornamenten und ähnlichen Bildelementen verziert. Die erste kombinierte Einrichtung dieser Art entstand nahe dem Hausvogteiplatz.

Plattenbau-Schulen wurden relativ spät entwickelt. Der oft im Stadtbild vertretene fünfgeschossige Typ aus den 70er Jahren wurde in sogenannter Skelettbauweise errichtet und gehört deshalb nicht zu den Plattenbauten. Erst 1983 begann man mit dem Bau des viergeschossigen Typs POS 81. Die ersten Schulen dieser Art finden sich im Osten Marzahns.

Nach einer Phase recht phantasieloser Städteplanung in den Randgebieten Berlins bemühte man sich in den letzten DDR-Jahren noch einmal um eine originellere Plattenbau-Gestaltung. Es entstanden so untypische Bauten wie die im Nikolaiviertel (▶ S. 24), an der Wilhelmstraße (▶ S. 36) oder das Dickhäuterhaus im Tierpark Friedrichsfelde, der letzte Funktionsplattenbau Ost-Berlins überhaupt (▶ S. 100).

Echte Fans können die „Platte" inzwischen im Buchhandel auch als Quartettspiel oder Bastelbogen erwerben:

Plattenbauten
Berliner Betonerzeugnisse – ein Quartettspiel
www.superclub.de

Die Faltplatte
Plattenbauten aus Pappe zum Selberbasteln
www.faltplatte.de

Ost-Produkte

Die Zahl der Läden, die Ostprodukte oder DDR-Souvenirs anbieten, ist groß. Hier eine Auswahl:

Läden mit DDR-Souvenirs:

Ampelmännchen-Galerie
Hackesche Höfe am Hackeschen Markt, Hof 5
🄢 Hackescher Markt

Intershop 2000
Ehrenbergstraße 3–7 (Stralauer Allee)
🄢Ⓤ Warschauer Straße
Mi–Fr 14–18 Uhr
Sa 12–18 Uhr
So 12.30–18 Uhr
DDR-Haushaltswaren u.a. in der transportablen Raumerweiterungshalle des Vereins zur Dokumentation der DDR-Alltagskultur.
www.intershop2000-berlin.de

Mondos Arts
Schreinerstraße 6
Ⓤ Samariterstraße
Mo–Fr 10–19 Uhr
Sa 11–16 Uhr
T-Shirts mit DDR-Logos
www.mondosarts.de

Antiquariate:

Antiquariat Revers
Gabelsberger Str. 5
Ⓤ Samariterstraße
Mo–Fr 10–18.30 Uhr
Sa 11–14.30 Uhr
📞 (0 30) 4 22 71 33
DDR-Bücher, Schallplatten, Postkarten

Roman & Comicladen
Ebertystr. 22
🚋 20, 21 Bersarinplatz
Mo–Fr 12–18 Uhr
📞 (0 30) 4 26 70 85
DDR-Comics (Atze, Mosaik), Serien, Krimis, DDR-Science Fiction

Rotes Antiquariat
Rungestraße 20
🄢 Janowitzbrücke
Mo–Fr 12–18 Uhr
Sa 11–15 Uhr
📞 (0 30) 27 59 35 00
Geschichte, Arbeiterbewegung, Philosophie, Sozialismus

Läden mit aktuellen Ostprodukten:

Ostkost
Filliale 1: Lychener Straße 54
Filliale 2: Sredzkistraße 26
🇺 Eberswalder Straße (für beide)
Mo–Fr 8–20 Uhr
Sa 8–16 Uhr
Alles von der Schlagersüsstafel bis zum
Werder Tomaten Ketchup
www.ostkost.de

Flohmärkte:

Arkonaplatz
🇺 Bernauer Straße.
So 10–17Uhr
☎ (0 171) 7 10 16 62
Gebrauchsgegenstände, Bücher,
Schallplatten, Souvenirs

Am Kupfergraben
Ⓢ Hackescher Markt
Sa/So 11–17 Uhr
Vor allem Bücher, aber auch Plakate und
Schallplatten

Boxhagener Platz
🇺 Frankfurter Tor
So 10–17 Uhr
Erzeugnisse aller Art aus der DDR-Zeit,
von der Postkarte bis zum Plattenspieler,
Stand des „Intershop"

Internetadressen zum Thema DDR:

Suchmaschinen
www.ddr-suche.de
www.ddr-im-www.de

**Allgemeine Seiten zu Geschichte und
Kultur**
www.ddr-alltagskultur.de
www.ddr-geschichte.de
www.ddr-ausstellung.de
www.ostalgie-museum.de
www.chronik-der-wende.de
www.dhm.de/lemo

Produkte
www.ostprodukte.de
www.ossiladen.de

Ostberlin
www.luise-berlin.de/Lexikon
www.berlin.de

Berliner Mauer
www.august1961.de
www.chronik-der-mauer.de
www.mauerfotos.de

Objektregister

Namensregister

Literatur und mehr

Literatur

Barth, Bernd Rainer; Links, Christoph u.a. (Hrsg.): Wer war Wer in der DDR. Ein biographisches Handbuch. Berlin 1994

Berning, Maria; Braum, Michael u.a.: Berliner Wohnquartiere. Ein Führer durch 60 Siedlungen in Ost und West. Berlin 1994

Dechau, Wilfried (Hrsg.): Kühne Solitäre. Ulrich Müther, Schalenbaumeister der DDR. Stuttgart 2000

Durth, Werner; Düwel, Jörn u.a.: Architektur und Städtebau der DDR. 2 Bände, Frankfurt/Main 1998

Engel, Gerrit: Marzahn. Köln 1999

Engel, Helmut; Ribbe, Wolfgang: Karl-Marx-Allee, Magistrale in Berlin. Die Wandlung der sozialistischen Prachtstraße zur Hauptstraße des Berliner Ostens. Berlin 1996

Flierl, Bruno: Gebaute DDR. Über Stadtplaner, Architekten und die Macht. Kritische Reflexionen 1990–1997. Berlin 1998

Hocislawski, Thomas: Bauen zwischen Macht und Ohnmacht. Architektur und Städtebau in der DDR. Berlin 1991

Jander, Martin: Berlin (DDR). Ein politischer Spaziergang. Berlin 2003

Palutzki, Joachim: Architektur in der DDR. Berlin 2000

Wörner, Michael; Mollenschott, Doris u.a. (Hrsg.): Architekturführer Berlin. Berlin 1997

Stadtplan

Bloch, Dirk; Gauglitz, Gerd: Ostalgie-Plan – Berlin Hauptstadt der DDR im aktuellen Stadtplan. Berlin 2003

Spiele zur DDR-Architektur

Plattenbauten. Berliner Betonerzeugnisse – ein Quartettspiel
Von Cornelius Mangold, Stefan Wolf Lucks, Jochen Schmidt und Florian Braun. Berlin 2001
Im Buchhandel oder bei www.superclub.de für 12,50 €

Die Faltplatte. Plattenbauten aus Pappe zum Selberbasteln
Von Andreas Seidel und Cord Woywodt. Berlin 2003
Bei www.faltplatte.de vom Standardplattenbau des Typs WHH GT 18/21 für 3,90 € bis zum Luxusmodell Stalinallee für 7,90 €

Die Stalinallee. Ein Spiel auf Ehre und Gewissen.
Von Erich Kundel. Berlin 1999
Z.B. in der Karl-Marx-Buchhandlung, Karl-Marx-Allee 73, 10243 Berlin, für 20,42 €

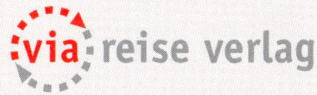

zeit reisen
ERLEBNISAGENTUR

BERLIN. HAUPTSTADT DER DDR. SCHAUKASTEN DES SOZIALISMUS.

Mal herausfordernd, mal nachdenklich erzählen wir vor und in historischer Kulisse die Geschichte Ost-Berlins und der ersten deutschen 'Arbeiter- und Bauern-Republik'. Dabei besichtigen wir neben Staats- und Regierungsbauten vor allem die Lebensräume des Alltags.

Als Rundgang oder Fahrt in historischen Fahrzeugen, mit DDR-Menü und Filmvorführung: Zeitreisen ist Ihr kompetenter Begleiter durch die Geschichte Berlins.

Chodowieckistraße 10
10405 Berlin
Fon: 030 / 44 02 44 50
Fax: 030 / 44 02 44 48
post@zeit-reisen.de
www.zeit-reisen.de

PRÄSENTIERT VON ZEITREISEN,
VERANSTALTUNGS- UND PROJEKTMANAGEMENT

* ZEITREISEN-DESIGN gestaltet von:

www.in**Yais**.com : netzwerk für design· kunst· kultur

BERLIN
HISTORISCHES UND MODERNES
IM HERZEN DER METROPOLE

Für Sie im Programm:

HISTORISCHE STADTRUNDFAHRT

Etwas für Kurzentschlossene ! Verschnaufen Sie für ein "Stündchen" während einer Rundfahrt durch die City. Vom Palast der Republik bis zum Haus der Kulturen der Welt gibt es viel zu sehen.

ab Nikolaiviertel:
10.30 bis 17.30 Uhr
halbstündlich
15. März - 02. November 2003

Unser komplettes Touren-Programm entnehmen Sie bitte unserem Fahrplan 2003.

STERN UND KREIS
SCHIFFAHRT GMBH

Puschkinallee 15 · 12435 Berlin
Tel. 030/53 63 60-0 · Fax 030/53 63 60-99
http://www.sternundkreis.de
Ein Unternehmen der Hegemann-Gruppe